强制隔离戒毒与社区康复无缝衔接制度研究

滕明君 ∞ 著

本书由中共上海市委党校、
上海行政学院学术著作出版基金资助出版

目 录

第一章 导论 ... 1
一、强制隔离戒毒与社区康复制度的时代背景与研究意义 ... 1
二、强制隔离戒毒与社区康复制度的研究范式 ... 4
三、概念界定 ... 8
四、强制隔离戒毒与社区康复无缝衔接实践探索 ... 11
五、内容架构与章节安排 ... 17

第二章 强制隔离戒毒与社区康复制度的理论基础与文献评述 ... 19
一、文献回顾与述评 ... 19
二、理论基础及分析框架 ... 37

第三章 断隔与冲突：强制隔离戒毒与社区康复的制度衔接困境 ... 45
一、封闭空间下的强制隔离戒毒制度 ... 45
二、开放空间下的社区康复制度 ... 53
三、断崖式分割：强制隔离戒毒制度与社区康复制度的衔接冲突 ... 60

第四章 所内社区：强制隔离戒毒制度的梯度社区化 ... 67
一、人本与融合：所内梯度融合的价值内核 ... 67
二、回归指导站：半开放空间中的无缝衔接制度 ... 69
三、管控与服务：时间维度的梯度社区化措施 ... 77

第五章 区内设所：社区康复制度的梯度强制隔离化 ... 81
一、康复指导站：半封闭空间中的制度设置 ... 81
二、空间对接：从梯度融合到有机对接 ... 91

第六章　强制隔离戒毒到社区康复无缝衔接制度重构 …………… 97
　　一、强制隔离戒毒到社区康复无缝衔接实践的基本流程重构 ……… 97
　　二、强制隔离戒毒到社区康复无缝衔接制度主体重构 …………… 103
　　三、强制隔离戒毒到社区康复无缝衔接制度内容重构 …………… 117
　　四、强制隔离戒毒到社区康复无缝衔接制度形式重构 …………… 126

第七章　结论与讨论 …………………………………………………… 133
　　一、结论 …………………………………………………………… 133
　　二、讨论 …………………………………………………………… 135

附录：禁毒社会工作者访谈提纲 ……………………………………… 139

参考文献 ………………………………………………………………… 141
后记 ……………………………………………………………………… 155

第一章 导论

一、强制隔离戒毒与社区康复制度的时代背景与研究意义

(一) 强制隔离戒毒与社区康复制度的时代背景

自清朝末年英国为扭转贸易逆差大肆向中国走私鸦片起,中国民间开始逐步陷入滥用鸦片的无序状态,虽然清廷采用各种措施试图解决问题,打击力度颇大,但成效并不显著。中华人民共和国成立后的统计数据表明,1950年中国的吸毒人数有2 000多万,占当时4亿多人口的4.4%。从1952年起,中央人民政府开始收缴鸦片、封禁烟馆、严惩毒贩,对毒品进行彻底的肃清和查处。经过三年的持续努力,扫毒工作取得了卓越成效。此后近30年,中国几乎看不到毒品的踪迹。直到20世纪80年代,改革开放后经济社会迅速发展,毒品又渐渐从境外流入,毒品问题再次引发关注,为此国务院下发了《关于重申严禁鸦片烟毒的通知》。20世纪90年代早期全国部分省份对毒品的泛滥情况制定了地方性法规,例如陕西省西安市的《强制戒毒条例》、广州市的《戒毒收容强制规定》。20世纪90年代中期,国务院整合各地方做法,出台了《强制戒毒办法》,从此首次以行政法规的形式系统规定强制戒毒。

进入21世纪以来,经济及社会的迅速转型带来经济水平的迅速提升,而社会连接却趋于弱化,猎奇心及多种因素导致人们会主动或被动吸食毒品。毒品种类不断更新换代,成瘾性及可获得性不断提升,合成毒品逐渐取代传统毒品成为主流。上述原因使中国毒品管制的难度逐渐加大,往昔的法律规范很难适应如今社会禁毒的需求。2008年6月1日,国家颁布《中华人民共和国禁毒法》(简称《禁毒法》),提出中国戒毒的四种基本措施,分别是强制隔离戒毒、自愿戒毒、社区戒毒和社区康复。由此,强制隔离戒毒以制度形式确立下来。2011年6月26日,国务院颁布施行《戒毒条例》,规定了强制隔离戒毒的具体执行标准。2013年6月1日,颁布施行《司法行政机关强制隔离戒毒工作规定》,进一步规定了司法行政机关强制隔离戒毒的工

作细则操作化。以上三个文件共同构成了目前中国强制隔离戒毒工作的法律制度。

在现行的四种戒毒措施之中,自愿戒毒是指戒毒人员意识到吸毒的行为对自己及家庭与社区等带来伤害、主动脱离毒瘾的行为,区别于强制隔离戒毒,适用于涉毒不深的群体。社区戒毒是在《禁毒法》中首次提出,并在2011年颁布的《戒毒条例》中进一步深化细化为一种兼具惩戒性和服务性的新型戒毒措施。社区康复是强制隔离戒毒的后续手段,根据《禁毒法》第48条规定:对于被解除强制隔离戒毒的人员,可责令其接受不超过三年的社区康复,由强制隔离戒毒的决定机关作出该责令决定。社区康复依据《禁毒法》中关于社区戒毒的规定实施。社区康复是依据中国法律规定对戒毒进行后续跟进的服务措施,具有一定强制性的手段责令戒毒人员进行改造,并对其进行后续照管,以防止产生复吸现象。上述四种戒毒措施并行,使戒毒人员从脱毒、康复到回归社会,这一系列的流程在一定程度上保障了戒毒的效果,减少了复吸,但现行的制度之间是相对割裂的状态,导致在制度衔接上存在一定的问题。为此,在地方上已有从强制隔离戒毒到社区康复的"无缝衔接"实践尝试,即社会工作者提前到强制隔离戒毒所内,对即将接受社区康复的戒毒人员进行服务,以实现从强制隔离戒毒到社区康复的顺利过渡。[①] 但这种"无缝衔接"只是实践中探索的模式,并未形成一整套系统的理论性内容。强制隔离戒毒措施具有较强的封闭性和隔离性,而社区康复具有较强的开放性和社会性,要实现从强隔离性到强社会性的过渡绝不是简单形式上的"无缝衔接"能够顺利实现的。在这个过程中,从强制隔离戒毒所这一封闭空间转换到社区这一开放的空间,不仅仅是物理意义上的封闭空间打开,与此同时空间中的关系也从隔离走向开放,服务对象的心理空间也逐步开放。从封闭走向开放,应是一个渐变的过程,而非一个突兀的转变,要找到两者之间的一个平衡点,进行强制隔离戒毒与社区康复真正意义上的"无缝衔接"。因此,本书致力于探索戒毒人员从强制隔离戒毒到社区康复中出现的困境及其解决机制。戒毒康复人员从强制隔离戒毒所到社区康复应是一个什么样的过程机制,而实际又是如何?理论上,这应该是一个紧密结合梯度衔接的机制,形成所内与所外的无缝对接,强制隔离戒毒制度与社区康复制度应无缝对接。而事实上,两者呈现出一个分离与断裂的状态。本书探究的问题就是强制隔离戒毒到社区康复的无缝衔接何以可能?通过该制度的构建,使社区康复人员能够更好地回归社会,摆脱各种出

---

① 张昱、万艳:《政策发展与禁毒社会工作制度构建》,《江西社会科学》2019年第2期。

所的不适应,降低复吸率。

(二)强制隔离戒毒与社区康复制度的研究意义

毒品问题作为一个全球性问题一直阻碍着人们对美好生活的追求。目前全世界吸毒人数超过2亿,有170多个国家存在毒品的种植和贩卖,有130多个国家存在毒品消费。《世界毒品报告(2018)》指出:2016年全球有2.75亿15—64岁的人在吸毒,[①]同年中国登记在册的吸毒人数为250.5万。[②] 吸毒人数急剧增加及吸毒人群死亡率极度攀升,特别是随着合成毒品的发展,大量青少年卷入吸毒事件,毒品问题成为中国乃至全世界的难题。由此,毒品问题的治理成为国家与社会共同关注的问题。对于不同毒品的吸食者应提供不同类别的服务,冰毒吸食者因其相关支持系统被破坏较少,所需的服务较为简单;而海洛因吸食者由于社会关系、家庭支持等被破坏殆尽,则需要更大力度的支持。实践中发现的问题与理论之间的张力,就形成了本书的研究意义。本书研究强制隔离戒毒到社区康复无缝衔接制度,属于禁毒社会工作领域的研究,其拓展了社会工作研究与实践的场域,社会工作作为一门新兴的专业,在戒毒康复过程中发挥着重要的作用。无论是在强制隔离戒毒所内设置驻所社工,抑或是在社区内社会工作者帮助戒毒人员进行社区康复,无缝衔接制度的构建与社会工作者在两个场域中工作内容的衔接都具有重要意义。

1. 理论意义

在理论上,本书分析研究了制度理论,为强制隔离戒毒到社区康复无缝衔接提供了理论支撑,丰富和完善了相关的理论研究。本书从现有的无缝衔接实践出发,依托制度理论,探求一种对实践的总结和升华,尝试构建出从强制隔离制度到社区康复制度的无缝衔接制度理论框架,在实践的探索中形成一整套行之有效且可以循环复制的操作模式,这是一种理论创新。从理论上来看,本书从制度学的视角出发,剖析在封闭空间下的强制隔离戒毒所与开放空间下的社区二者在空间布局上的异同,以及在上述空间下的戒毒康复人员的不同特点;剖析从强制隔离戒毒走向社区戒毒的过程中,空间由封闭走向开放过程中戒毒康复人员发生的变化。强制隔离戒毒措施具有较强的封闭性和隔离性,而社区康复具有较强的开放性和社会性,要实现从强隔离性到强社会性的过渡需要在两种不同的戒毒措施内部进行制度构

[①] World Drug Report, https://www.unodc.org/wdr2018/.
[②] 中国国家禁毒委员会:《2016年中国禁毒报告》,http://www.nncc626.com/2016-11/21/c_129372086.htm.

建,即一方面增强强制隔离戒毒制度的社会性,另一方面增强社区康复的隔离性,找到两者之间的平衡点,然后在水平层面进行强制隔离戒毒制度和社区康复制度真正意义上的无缝衔接。

2. 现实意义

在实务中,已有的无缝衔接从内容和形式上均处于初探的零散状态。将已有的无缝衔接实践系统化,进行理论上的整合将有助于实务中的无缝衔接更好地展开,攻破难点、痛点,实现真正意义上的无缝衔接。社会理论中制度的可说明性,[①]将社会工作者纳入强制隔离戒毒到社区康复无缝衔接制度体系之中,也有助于在实践中形成社会工作的专业话语权,聚焦社会工作的服务对象,并在该领域形成专业管辖权。戒毒人员在强制隔离戒毒所这一封闭空间中,处于完全的封闭规训状态,他们的行为方式与思想模式逐渐适应了这个封闭空间中的规训模式,实现了一定程度上的有效戒治。但在两年强戒期满后,从强制隔离戒毒所内出来,封闭的空间被打开,从封闭的强制隔离戒毒所走进开放的社区,原有封闭空间中的规训方式被解除,加之新的开放空间中又未能形成合适且强有力的规训模式,使戒毒康复人员产生相当程度的不适感,从而造成戒治效果的断崖式下跌和极大的复吸风险。因此,本书将两者有效地整合起来,研究从强制隔离戒毒到社区康复无缝衔接制度,对已有的零散实践进行提炼提升。

二、强制隔离戒毒与社区康复制度的研究范式

本书采用质性研究方法阐述强制隔离戒毒与社区康复无缝衔接制度。质性研究是一种描述性的研究,其关注研究过程和结果,注重从研究对象的内在观点去探寻其世界,探究自然情境的衍变。

(一)研究方法和研究方式

研究方法的选择是与研究问题、目标与内容紧密相关的。本书是一个包含理论研究与经验研究的综合研究,本书的核心议题是空间转换下戒毒康复人员的适应困境及应对路径,即强制隔离戒毒到社区康复无缝衔接制度的建构。这首先需要深入挖掘在强制隔离戒毒所中是一个什么样的空间状态,在社区中又是一个什么样的空间状态,在封闭空间转向开放空间的过程中又会发生什么样的变化和困境。在剖析困境后,已有的无缝衔接实践又是如何应对这一困境的,其空间分布和制度分布又是如何发挥作用的,从

---

① 刘江、顾东辉:《"约束—内化"vs.反思性实践认知——社会工作伦理守则与留职意愿关系研究》,《社会学研究》2022年第2期。

而剖析如何建构真正意义上的无缝衔接制度。从根本上而言,是深入探讨空间转换下戒毒康复人员的适应困境以及无缝衔接的实践与制度重构,这需要借助质性研究的方法,对这个现象进行整体性研究。用质性研究的方法是为了更全面深入地解释戒毒康复人员在适应困境下的无缝衔接制度构建。

调查对象的选取来自研究主题,本主题聚焦于强制隔离戒毒到社区康复无缝衔接社会工作制度的建构,这个制度最终落脚于禁毒社会工作者,是他们践行这个制度,对戒毒康复人员进行着管控与服务。由此,选取禁毒社会工作者进行访谈,了解他们对这个过程的跟进及把握。因此本书的调查对象主要分为两类:一是对戒毒康复人员进行观察,通过前期入所的非参与式观察,探究其所内生活空间状态与互动模式,剖析封闭空间对其心理及行为的影响;同时对戒毒康复人员进行所外观察,参与同伴教育活动小组进行参与式观察,了解其在开放空间下的状态,并进行对比研究。二是对禁毒社会工作者进行访谈,通过对他们的访谈了解整个实务工作过程,开展对全国各地不同的无缝衔接实践模式的探索。

(二) 资料收集方法

1. 参与式观察法

参与式观察法,即研究员与研究对象生活在同样的活动范围,例如:同一个社区、同一个单元等,研究员从研究对象的日常行为中获取所需要的资料。运用观察法不仅便于从研究对象的日常行为中获取信息,而且更能反映研究对象的真实想法,从而避免研究中出现虚假信息。[1]

笔者在本研究中进行的参与式观察主要分为两个环节,即所内和所外。首先,跟随导师及项目团队进入强制隔离戒毒所内,对所内的空间环境与空间设施进行观察,了解所内的戒毒人员的行为模式与状态,对在封闭空间中的人员的行为习惯特点进行分析总结。在所内小组活动中,笔者通过对强戒人员的观察,分析其参与活动的言行及心路历程呈现的外显形式。其次,在所外环节,通过对社区康复人员的同伴教育小组活动进行观察,掌握他们的发言情况、活动参与度及个人改变情况,为了更好地进行参与式观察,笔者参加了"涅槃重生同伴教育小组"以及"同伴辅导员星级评定"共计10次活动,在小组活动中收集了社区康复人员在开放空间下的个人困境与变化过程,为后期分析提供了丰富的材料。

---

[1] 蔡家麟:《试论田野作业中的参与观察法》,《云南民族学院学报(哲学社会科学版)》1994年第1期。

2. 半结构式访谈法

访谈法是质性研究中进行资料收集的重要途径和步骤。通过访谈,研究者可以和研究对象建立关系,进行深入而详细的资料收集工作。依据研究者对访谈过程及内容的控制程度,访谈可以分为三类:结构式访谈、半结构式访谈、无结构访谈。其中,半结构式访谈指根据一定的提纲对研究对象进行访谈,但是访谈的内容并不一定局限于访谈提纲的内容,访谈者可以根据需要对访谈内容进行灵活的调整。本书采用半结构式访谈对戒毒康复人员进行访谈。

由于与访谈对象空间距离的限制,笔者选择面谈与微信、电话访谈相结合的方式,以半结构式访谈的方法对访谈对象进行采访。笔者依据事先准备好的访谈大纲,并根据实际情况控制与调整访谈内容与进度,从而了解受访者的具体情况,掌握他们的真实想法。

笔者跟随项目团队,分别对上海、杭州、佛山等地机构的禁毒社会工作者进行了访谈。作为禁毒社会工作者,他们经历了戒毒人员从出所到回归社会的整个过程。通过对他们的访谈,了解在这个过程中的无缝衔接实践及制度实践中的不足之处,以此收集调研资料。笔者根据访谈资料及编码原则,形成下表:

表1-1 访谈对象情况一览表

序号	编号	身份	性别	专业	学历	从业年限
1	2019HZSG01	禁毒社工	女	工商管理	本科	5
2	2019HZSG02	禁毒社工	女	人力资源	本科	1
3	2019HZSG03	禁毒社工	男	会计	本科	3
4	2019HZSG04	禁毒社工	男	视觉传达	本科	3
5	2019HZSG05	禁毒社工	女	经济管理	本科	3
6	2019HZSG06	禁毒社工	男	无	高中	7
7	2019HZSG07	禁毒社工	女	播音主持	本科	4
8	2019HZSG08	禁毒社工	男	药学	本科	9
9	2019HZSG09	禁毒社工	女	护理学	专科	5
10	2019HZSG10	禁毒社工	女	其他	未知	9

续表

序号	编号	身份	性别	专业	学历	从业年限
11	2019HZSG11	禁毒社工	女	其他	未知	8
12	2019HZSG12	禁毒社工	女	音乐表演	专科	4
13	2019HZSG13	禁毒社工	女	会计	本科	9
14	2019HZSG14	禁毒社工	男	行政管理	专科	4
15	2019HZSG15	禁毒社工	男	数字媒体	本科	4
16	2019HZSG16	禁毒社工	女	学前教育	专科	3
17	2019FSSG01	禁毒社工	男	应用心理	本科	4
18	2019FSSG02	禁毒社工	男	工程管理	本科	3
19	2019FSSG03	禁毒社工	女	社会工作	专科	2
20	2019FSSG04	禁毒社工	男	公共管理	本科	2
21	2019FSSG05	禁毒社工	女	建筑工程	专科	1
22	2019FSSG06	禁毒社工	男	社会工作	本科	2
23	2019NXSG01	禁毒社工	女	英语教育	本科	3
24	2019NXSG02	禁毒社工	男	学前教育	本科	3
25	2019NXSG03	禁毒社工	女	法律事务	本科	1
26	2019NXSG04	禁毒社工	男	化学工程	专科	1
27	2019NXSG05	禁毒社工	男	市场营销	专科	3
28	2019NXSG06	禁毒社工	女	英语教育	本科	4
29	2019NXSG07	禁毒社工	男	计算机信息管理	本科	3
30	2019NXSG08	禁毒社工	男	土木工程	专科	3

(三) 资料分析方法

质性研究中对资料进行分析,就是研究者对原始资料进行去伪存真的提炼重组过程,这个过程需要研究者具有较高水平的资料分析和辨别能力。本书的资料分析主要过程如下:首先,对访谈录音进行文本转换,并对参与式观察中的小组记录进行重新整理,重读访谈笔记,理顺资料之间的关系,作出初步分类和构想。其次,阅读和理解初步分类的资料,进行概念化提炼,根据研究主题对资料进行编码分类。最后,进行资料的联结和再分析,寻找分类中的资料的理论关系,与研究的文献进行联结,反复交叉进行这个过程,形成研究结论。

对于本书的信度和效度保障,研究者本人应当尽量避免个人偏见,在资料的收集和分析的过程中应保持客观中立的态度,不因个人立场问题而作出主观取舍,而是要进行多方考证,必要时可以通过阅读相关的资料、档案等进行查证,也可对受访者进行回访,以确保信息的真实和相对完善。

三、概念界定

在概念界定方面,开篇明义,首先要明确的是本书所使用的"强制隔离戒毒到社区康复无缝衔接社会工作制度""从强制隔离戒毒到社区康复无缝衔接制度""强制隔离戒毒到社区康复无缝衔接制度""社区康复无缝衔接制度""无缝衔接制度"都是同一意涵,在不同的情境中使用方式不同,但均指向的是同一种制度。从空间的视角出发,对社会空间作出概念界定,增强所内的开放性与增强所外社区的封闭性,在封闭与开放之间寻找一个张力,实现出所后的梯度衔接,降低社区戒毒康复人员的复吸率,因此这部分的概念界定分别是:制度、社会空间、强制隔离戒毒制度、社区康复制度和无缝衔接制度。

(一) 制度

制度是指人们共同遵守的行为准则与章程,指在特定范围内调适人与人之间关系的道德、习惯,以及法律规范的综合。从社会学的视角来看,制度是稳定组合在一起的一整套价值、规范、标准,指的是围绕基本社会需要形成的、提供固定的思想和行为模式、提出解决问题和满足社会生活需要的方法。[1] 从文化人类学的视角来看,制度被视为人类组织单位;[2]在法学的视角,制度被视为规则和规范;在政治学的视角,共同利益和一致性在行为上体现为制度。[3]

诸多学者将制度的论述分为五类:一是认为制度是特定的组织和机构,[4]

---

[1] 〔美〕伊恩·罗伯逊:《社会学》,黄育馥译,商务印书馆1994年版。
[2] 〔英〕马林诺斯基:《科学的文化理论》,黄建波译,中央民族大学出版社1999年版。
[3] 徐晓冬:《中国制度》,人民出版社2013年版。
[4] 〔英〕赫伯特·斯宾塞:《社会静力学》,张雄武译,商务印书馆1996年版。

部分经济学家将其视作参与者,[1]例如大学、法庭等;[2]二是将制度视作一种惯例,[3]抑或是一种习惯;[4]三是将制度视作一个系统,[5]强调制度的动态性;[6]四是将制度视作行动的模式,[7]作为个体行动和社会结构的联结物;[8]五是将制度可以视作一种规则、[9]一种行为规则,[10]是被设计出来用以制约人类行为的约束条件,[11]这些条件由正式的规则和非正式的规则共同构成。

(二) 社会空间

对于社会空间的概念界定,列斐伏尔指出社会空间是一种社会性的产品,[12]不同于传统意义上的几何空间。[13] 社会空间可以分为五类,即心理空间、行为空间、关系空间、权力空间和信息空间。心理空间是主体精神活动存在的区域;行为空间是社会主体行为的活动区域;关系空间是社会主体之间的范畴;权力空间是指权力的控制和占有范围;信息空间是指网络知识文化生成的空间。除此之外,社会空间代表群体发展的空间范围,是包括资源、领域和距离多寡的人类自由行动区域,涵盖社会事件的发生范围和社会影响的深度。社会空间可以是私人领域和公共领域的整合体,是技术和符

---

[1] 〔美〕约翰·康芒斯:《制度经济学》,于树生译,商务印书馆1962年版。
[2] Nelson, R.: "The Co-evolution of Technology, Industrial Structure, and Supporting Institutions", *Industrial and Corporate Change*, Mar. 1994, p.47−63.
[3] Bowles, S.: *Microeconomics: Behavior, Institutions, and Evolution*, Princeton University Press, 2004.
[4] Sugden, R.: "Co-operation and Welfare", *The Economics of Rights*, Oxford: Basil Blackwell, 1986.
[5] 辛鸣:《制度论——关于制度哲学的理论建构》,人民出版社2005年版。
[6] 郑杭生主编:《社会学概论新修 精编本》,中国人民大学出版社2015年版。
[7] 〔美〕塞缪尔·亨廷顿:《变化社会中的政治秩序》,王冠华等译,生活·读书·新知三联书店1989年版。
[8] 〔美〕安东尼·吉登斯:《社会的构成:结构化理论大纲》,李康、李猛译,生活·读书·新知三联书店1998年版。
[9] 张宇燕:《经济发展与制度选择:对制度的经济分析》,中国人民大学出版社1992年版。
[10] 黄少安:《产权经济学》,山东人民出版社1995年版,第90页。
[11] 卢现祥:《寻找一种好制度》,北京大学出版社2016年版。
[12] 在列斐伏尔看来,"社会空间就是一种社会性的产品"。并给出了如下四种解释:"第一,社会空间是以自然空间为原材料生产出来的,自然空间正面临着被消耗殆尽的危险。第二,每一种社会形态都生产自己的社会空间。第三,社会空间作为一种产品,既是具体的又是抽象的。第四,如果社会空间是被生产出来的,那么就存在着社会空间生产的历史。"具体参见:潘可礼:《亨利·列斐伏尔的社会空间理论》,《南京师大学报(社会科学版)》2015年第1期:第13—20页。
[13] "不多年以前,'空间'一词有着严格的几何学意义:它仅仅指一种空的区域。在学术领域,它被冠以各种名称使用,比如'欧几里德的','各向同性的',或者'无限的',人们普遍认为空间是一个基本的数学概念。若谈起'社会空间',就会令人感到很奇怪。"具体参见:Lefebvre, H.: *The Production of Space*, Blackwell Publishing, 1991.

号的结合体,代表着制度、文化、权力和地位等。

(三) 强制隔离戒毒制度

强制隔离戒毒是通过专门的场所限定吸毒成瘾的人员,对其进行行为限制、身心康复和法治教育;由专业和专职的人员根据戒毒人员的毒品使用情况和成瘾的程度,对其采用针对性的处遇措施。强制隔离戒毒制度是指将符合法律规定的并且确实存在吸毒成瘾现象的人员进行隔离,对其进行强制戒断,使其能够戒除对毒品的依赖,健康地回归社会,这整个过程所遵照的相关法律和政策的总和。

强制隔离戒毒是区别于自愿戒毒的一种手段和方式。戒毒人员为了摆脱对毒品的依赖,可以采取自愿戒毒的方式。在《禁毒法》中,自愿戒毒的范畴比较广泛,包括自行到具有戒毒医疗资质的医疗机构进行戒毒治疗的行为。这种戒毒人员的自愿行为,和强制隔离戒毒相比,可以明显减轻戒毒人员的身心压力,减少阻抗,也能减少国家的财政支出。但是,如果自愿戒毒不能戒断毒瘾,国家会对其采用强制隔离戒毒。

(四) 社区康复制度

社区康复是强制隔离戒毒的后续做法。根据法律规定,社区康复参照社区禁毒的实施细则,[①]因此在对社区康复制度作概念界定时,应对社区戒毒进行解析。

在《禁毒法》和《戒毒条例》中并未直接对社区戒毒和社区康复作出直接定义。社区戒毒强调戒毒人员自身发展,依托社区资源并优化社区功能,实现戒毒人员重返社会的目标。[②] 社会工作的专业特性决定了社会工作者具有正确的价值观和助人能力,不仅能够向他们传递关怀与同感,唤醒他们改变自我的动机,而且能够采用个别辅导、家庭会谈、小组活动、同伴教育以及社区工作等多种专业方法开展工作,最大限度地实现案主利益最大化,降低复吸率。

社区康复是中国法律规定的强制隔离戒毒后续跟进的服务措施,在这种措施中,对戒毒人员采用强制性的责令整改手段和照顾手段,防止其产生复吸行为。社区康复制度的管理办法参照社区戒毒的管理模式。

---

① 根据《禁毒法》第48条规定:对于被解除强制隔离戒毒的人员,强制隔离戒毒的决定机关可以责令其接受不超过三年的社区康复。社区康复参照本法关于社区戒毒的规定实施。社区戒毒是在2008年颁布的《禁毒法》中首次提出,并在2011年颁布的《戒毒条例》中进一步深化细化为一种兼具惩戒性和服务性的新型戒毒措施。

② 2017年《关于加强禁毒社会工作者队伍建设的意见》的颁布表明禁毒社会工作者是禁毒工作社会化的重要依靠力量,在促进戒毒人员恢复身心健康上能够有所作为。

(五) 无缝衔接制度

无缝衔接概念最早来自医学,是一种急救护理模式,其显著特征是一体化的诊疗手段。① 后期该概念扩展到禁毒领域,是指在强制隔离戒毒所和社区之间构建一种衔接机制,使之能够更好地为戒毒康复人员服务。目前已有的社区戒毒康复机构对戒毒人员在强制隔离戒毒所中进行戒毒等情况了解不多,导致后续帮教难以有效地开展;强制隔离戒毒与社区康复之间存在着衔接配合的问题,应进一步加强其衔接配合。为了更有效地使戒毒人员平稳地回归社会,应注意出所必接等环节,打破所、社壁垒,让双方能及时了解出所戒毒人员的状况,一起制订康复计划和回归社会的计划,追踪相关情况并及时反馈。

四、强制隔离戒毒与社区康复无缝衔接实践探索

从强制隔离戒毒所到社区,戒毒人员是否会产生不适?作为封闭空间的强制隔离戒毒所与作为开放空间的社区,二者之间在实践中产生了哪些冲突?为了研究上述问题,笔者选取上海市、杭州市和佛山市的实践探索为例进行分析。

(一) 上海市实践

上海已经提出了"强制隔离戒毒与社区康复无缝衔接",并且已经有了部分无缝衔接的雏形。例如,社会工作者提前进入强制隔离戒毒所,对即将出所进行社区康复的戒毒人员进行服务,以此实现戒毒人员从强制隔离戒毒到社区康复的良好过渡。这种制度虽然能够发挥一定的作用,但并不能从根本上解决问题。强制隔离戒毒的封闭隔离性与社区康复的开放性之间依然存在着障碍,在两种制度措施之间并未做好制度建构,强制隔离戒毒制度与社区康复制度并未达至同一水平线进行对接。

在上海的实践中,倡导一体化机制,实现期区流转一体化与所社衔接一体化。建立社区康复指导站和戒毒康复中心,在所内建立迎接戒毒人员回归最后一步的接力站,实现与社区的无缝衔接,提高戒毒人员的操守,保持其意愿和信心;在实践操作中建立从入所到戒治再到出所的三位一体模型。

---

① 无缝衔接一体化急救护理模式是一种集信息网络告知、现场院前救护、院内急诊抢救、手术治疗、ICU监护及专科治疗等于一体的信息化、整体化、环环相扣的急救新模式。它改变了独立型、院前急救型、指挥型、依托型等常见急诊急救体系存在的因指挥调度、院前急救、院内救治分属不同的管理部门所导致的三环之间的不协调的格局。具体参见:侯连英、侯连玉、龙辉:《无缝衔接一体化急救护理模式在严重创伤病人中的应用》,《护理学报》2010年第18期,第21—23页。

入所时进行评估并建立处方,以此为依据在所内进行靶向治疗,最后在出所的时候进行一体化戒治与衔接。

第一,构建入所诊断的评估体系,以此为基本指标背景,对戒毒人员进行生理、心理和社会等多维度分析评估。根据评估意见实施靶向治疗,提出个体化且有针对性的戒治处方,提升戒治的科学性和针对性。在已有的诊断评估的基础上,进行靶向治疗并建立戒毒数据平台,进行戒毒理论研究、新技术的开发。所内诊断评估中心与各业务科室及专业康复指导站进行协商,针对评估诊断的结果出具相关戒治处方,并在后续的戒断过程中随时沟通,协调整个方案,提高戒毒效果的合力。

第二,根据戒毒人员的具体需求,进行个性化处理。形成专业所社衔接、品牌戒治,包括戒毒医疗、教育矫正、心理矫治和康复训练等方面。进行多维综合处理,以靶向治疗形成的评估指数为基本素材,在整个诊断评估体系中,应用智慧戒毒大数据平台,实现专业中心数据的综合处理。从分析评估到流转再到共享,形成整体业务信息化全覆盖,戒毒模式的服务和保障一体化运作。在原有的基础上,贯彻全流程的干预理念,横向关注心瘾的问题,以正念冥想等方式对认知行为等进行针对性的戒治,开展防复吸训练和情景模拟等。促进所内外的优势资源共享与衔接,巩固戒断成果,探索认知康复、运动康复等模式,加速相关成果转化,整合全局,针对戒毒人员成瘾程度的不同进行靶向分类,并推进社会化的戒毒干预,建立量化评估指标。

上海的无缝衔接实践已经具备了一定的雏形,在实践中探索所内所外的初步整合,已经走在全国的前列。然而,在上海的无缝衔接实践中,多是注重所内环节的措施,对于所外的环节虽有所提及但相对忽视。无论是期区流转抑或是个性化靶向治疗,都是所内环节的内容,并没有形成所内外一体联动的无缝衔接制度。

(二) 杭州市实践

调研发现,在杭州乃至整个浙江推行的是"四四五"戒毒模式方案,即以四大分期、四项管理和五大中心为核心的总体布局;与此同时,加强戒毒医疗建设,优化心理矫治和教育矫治,增强康复训练。在加强戒毒医疗建设环节,加强强制隔离戒毒所与专业社会工作机构的衔接与合作,与当地医院进行合作,开启绿色通道,依托相关社会资源对戒毒人员进行全力救治,并且借助社会的专业力量来提高整体的戒治水平。设立专项财政用于招聘医务人员,从而弥补医务力量的不足,同时加强戒毒业务的培训、购置新的设备等。

在深化心理矫治的方面,根据《禁毒法》《戒毒条例》和《浙江戒毒工作纲要》的基本要求,明确心理矫治的地位和作用,努力完成心理健康教育辅导、心理团体辅导和心理个案优化评估诊断等工作,有意识地对戒毒人员的心理健康状态进行积极的干预。开展对戒毒人员在不同阶段的心理健康水平的评估,通过心理测试建立心理健康档案,及时进行心理危机干预,总结矫治个案经验,聘请相关专家组成咨询团队,定期开展心理健康课程。

在创新教育矫正的方式上,通过引进社会资源进行联合矫治,广泛利用社会力量来进行戒毒帮教,制定大型公益互动项目,组织开展家属学校并充分发挥新媒体的作用等,获得民众的了解和支持。全面开展戒毒文化教育矫治,推进有利于提升戒毒质量的文化体系,整合各类资源,提高戒毒康复人员参与教育矫治的兴趣。

在康复训练方面,根据《浙江戒毒工作纲要》,要求积极开展康复训练,因地制宜地开展康复工作,并且在场所内举办康复训练成果,以培养戒毒康复人员的正确认知。

在调研中,通过对禁毒社会工作者的访谈,了解到他们的部分工作流程:

> 我们去强制隔离戒毒所接人的话,一般会先跟派出所联系好,什么时候去接人,再跟家属联系,提前通知他们。虽然强制隔离戒毒所会通知,但我们也要通知家属,因为要当场签协议书,家属也要签字,这也是我们工作的重要组成部分。如果是入所衔接的话,我们就不会提前信函或电话告知。如果我们出于某些原因接不了人,就会通过信函、电话或者别的方式跟他们联系。(2019HZSG16)

由此可知,在杭州已经有了无缝衔接的初步实践,在戒毒人员出所前,会跟他们有一个提前的联系,到出所签订协议,有一整套的规范流程。但是这一套流程是所内环节的一部分,对于出所后的戒毒人员虽有一定的约束力,但仍未从根本上解决问题,强制隔离戒毒与社区康复之间依然存在缝隙。如何将这个缝隙不断弥合乃至消除,形成真正意义上的无缝衔接,乃是今后实践的方向。

(三)佛山市实践

佛山的实践,这里以一个案例为例,呈现当前强制隔离戒毒与社区康复实践的困境。

> 村里收到一个文件指示不能雇用有吸毒史的学员,要把吸过毒的

学员开除。这个学员确实曾经吸过毒,他已经戒了很多年而且没有复吸。他自认为很冤屈,"又不是在工作中犯错,凭什么要开除我?你们不是要我过新的生活吗?自力更生吗?我现在工作那么好,你解雇我,我去哪里工作?"然后他就找到社工。

因为是文件的要求。最后的解决方法是什么?我也找了段警,段警也很配合,他也很想保住那个学员,大家都作出努力但没办法。最后社区民警帮他找了另外一份工作,就看他愿不愿意做了。最后的解决就是这样。(2019FSSG03)

案例的最后干预结果只是帮助其又找了一份工作。类似问题其实依然存在。正是因为这种问题的普遍存在,无缝衔接的设置才有着广泛的需求,帮助其应对这种歧视与恶意。正是由于在传统的戒断模式下,高复吸率的问题一直困扰着人们,尤其是在劳教戒毒时代,复吸率居高不下。随着强制隔离戒毒与社区康复的实行,戒毒人员的复吸率有所下降,但过往刻板印象一直持续影响着戒毒人员的生活。由此,进行强制隔离戒毒到社区康复无缝衔接制度研究,进一步降低戒毒人员的复吸率,使其逐渐生活在被人接纳的空间中,过上正常的生活,是值得且令人期待的。

在佛山乃至整个广东的无缝衔接是通过强制隔离戒毒所、禁毒部门及社区康复工作站等部门建立的协同合作机制进行的。通过签订协议来实现对戒毒康复人员的出所管控及帮教等后续照管工作;社会工作者提前进入所内建立良好的专业关系,将强制隔离戒毒对象转为社区康复对象,社会工作者给予其充分的尊重,为开展后续工作打下坚实的基础。

无缝衔接来到我们站点,首先就是初步了解建档,初步了解戒毒人员的相关情况,这肯定要的。在建档时要得知他的亲属等各方面信息,以及他最根本的需求。先解决他最根本的需求,然后一步步来,有什么问题我们一起解决。有很多人都说冤枉,就因为吸毒,在信贷方面,特别是工作方面会受到一定的影响。比如有时候,好好的一份工作,也按时到站点报到尿检了,但还会有警察去他们的工作场所里要求他进行尿检,让厂里面的人都看到这种情况,对他的工作会带来影响,或者会丢掉这份工作。(2019FSSG02)

如上所述,目前佛山已经有无缝衔接的实践,所、社互动有了初步的雏形,强制隔离戒毒所和社工站有了一定的配合,但这种无缝衔接还主要在形式上起作用，并没有将两种制度措施置于同一水平线上，在实践中依然存在缝隙，在戒毒人员进入社区康复环节后，仍存在一定脱失的现象。

实践调研中，佛山的无缝衔接流程大致分为五步：第一，强制隔离戒毒所将即将出所的名单传送给公安分局和启明星驿站（启明星驿站是当地社会工作站点），启明星驿站的禁毒社会工作者进入所内对戒毒康复人员进行出所前的教育，并且一起制订出所后的计划；第二，送戒机关出具《社区戒毒康复决定书》；第三，出所当天由启明星驿站的禁毒社会工作者和相关街道办的工作人员及社区民警三方共同前往强制隔离戒毒所将戒毒康复人员接回来；第四，共同在启明星驿站签订《社区康复权利义务告知书》和《社区康复协议书》，进行分级管理；第五，一起在启明星驿站中签订《社区服务协议书》，实现齐帮共管。

> 无缝衔接是指戒毒人员在强戒所里准备出所，我们会提前收到强戒所发来的通知，我们就会去强戒所把他接出来，然后给他办手续，包括刚才说的签协议。派出所那边也会派人，给他录指纹并建立档案，用于管控。我们社工也会给他建档。以前没有无缝对接的时候，他出所了就可能会流失，在社会上就脱管了，没有人管他。如果我们去接他，首先他对我们有一个初步的印象。因为无缝对接当天有警察、街道的工作人员、社工三方，可能他迫于压力会接受我们的建档。接他的过程中，我们跟他接触，他也会有机会了解到社工的服务，他觉得有好处就会自动配合我们。（2019FSSG03）

在签订协议的环节，启明星驿站的禁毒社会工作者根据《关于加强社区戒毒社区康复工作的意见》，与报到后的戒毒康复人员进行协议签订，其主要内容包括当地社区康复工作的主要措施、相关执行单位的责任和义务，以及社区戒毒康复人员的权利和义务，并且告知不履行义务应该承担的法律责任等。由启明星驿站的禁毒社会工作者对社区康复人员讲明此协议的重要性，要求其严格遵守此协议，并警示其违反协议将要面临的法律后果。

在建立档案环节，启明星驿站的禁毒社会工作者对社区康复人员在整个服务过程中的经历进行留痕建档。其档案是一个相对复杂的体系，包括戒毒人员的基本档案、评估报告、检测记录、服务计划和服务记录等内容。基本档案涉及社区康复人员的基本信息、社区康复小组的成员信息以及相关法律文书等内容；评估报告包含戒毒康复人员的身体健康、心理健康、家庭支持、戒毒动机、经济能力、社会交往情况以及过往药物滥用史等基本信息,以期在开始服务前对戒毒康复人员有一个相对全面的了解和认知;检测记录是通过科学手段对戒毒康复人员进行检测,以此作为公安机关认定吸毒行为的依据;服务计划是指禁毒社会工作者对于评估报告的解读而制定的相应解决方案;服务记录是指禁毒社会工作者在对戒毒康复人员开展个案、小组及家访等服务活动时所进行的文书撰写等工作。

提供服务是指在启明星驿站的禁毒社会工作者为社区康复人员提供管控和服务两大业务。一方面,禁毒社会工作者在协助公安机关对社区康复人员进行相对严格的管控措施,主要目标是防止戒毒康复人员在康复期间发生复吸,甚至脱失、脱管等行为;另一方面,启明星驿站的禁毒社会工作者为戒毒康复人员提供涉及个案工作、个案管理、小组工作、社区工作等专业服务,并根据其问题与需求,提供个性化的专业服务。

在解除协议的环节,根据《禁毒法》和《戒毒条例》的相关规定,社区康复自期满之日起解除。社区康复执行地的公安机关应该出具解除社区康复通知书,写明其基本情况,并将通知书送到戒毒人员本人及其家属手中,并且在7日内对其社区康复执行地的乡镇人民政府、城市街道办事处等单位进行通知。启明星驿站的禁毒社会工作者对戒毒康复人员在康复期的戒毒状况、家庭功能恢复状况以及社会功能的恢复状况进行综合评估,对于达到解除条件的,禁毒社会工作者协助戒毒康复人员向公安机关提交《解除社区康复措施申请书》,协助其办理社区康复解除手续。

在强制隔离戒毒与社区康复无缝衔接的佛山实践中,启明星驿站提供的社区康复社会工作服务主要包括就业辅导、家庭关系改善、社会关系重建和预防复吸四个方面。在就业辅导方面,社区康复人员刚离开强制隔离戒毒所面临的最大问题是解决生计,为了帮助戒毒康复人员解决温饱问题,启明星驿站的禁毒社会工作者积极进行资源链接,并提供就业指导和心理支持,以及相关的就业信息和技能训练等,由此激发社区康复人员的就业动机,使其在劳动中获得满足感,以便更好地回归社会;在家庭关系改善方面,启明星驿站服务的社区戒毒康复人员大多数家庭关系较差,关系破裂并且受到家人怀疑,难以被家庭成员接纳,由此启明星驿站的禁毒社会工作者引导家庭成员给社区康复人员一个改过的机会,注重家庭沟通,促使形成新的家庭规则,减少甚至避免不必要的指责和怀疑,打造良好的康复环境;在社会关系重建方面,协助戒毒康复人员进行社会适应。由于戒毒康复人员被过度标签化,使其与犯罪混为一谈,难以适应社会正常生活。启明星驿站的禁毒社会工作者引导大众了解吸毒是违法而非犯罪,并倡导大众接纳社区康复人员,同时引导社区康复人员逐渐摆脱吸毒人员的标签,调整自身状态回归社会;在预防复吸方面,启明星驿站的禁毒社会工作者为社区康复人员建立社会支持网络,协助其解决戒毒康复路上的各种问题,恢复其功能,并时刻回访,掌握当下动态,以防止出现复吸行为。

五、内容架构与章节安排

通过深入阅读理解国内外戒毒制度相关政策文献,了解戒毒工作的发展历史、背景和国内外研究现状,对研究进行整体性把握。通过深入研究制度学的相关文献,梳理出制度的本质特征和核心要素,制度的本质是一个系统,把握空间理论,理解制度空间下的互动逻辑。完成国内外强制隔离戒毒和社区康复的研究综述,对强制隔离戒毒和社区康复进行梳理和分析,了解其发展现状和不足。通过观察、访谈和文献分析三类方法将诸多内容有机整合。

第一章是导论,包括研究缘起、研究意义、概念界定、研究方法以及无缝衔接实践探索。在研究缘起与研究意义部分,概述了戒毒人员从强制隔离戒毒走向社区康复所面临的困境及其解决路径探析,从强制隔离戒毒所走向社区面临着空间的转换以及规训方式的变化,由此导致戒毒人员产生不适应的状态,为了减少这种不适应的状态与问题,全国各地做了无缝衔接的实践探索,取得了一定的成效并具备了初步的雏形,但是依然没有从根本上解决问题。这就构成了本书的研究问题。

第二章是文献综述和分析框架。文献综述中对制度的发展演变、空间与社会空间的发展演变、强制隔离戒毒制度的发展演变、社区康复制度的发展演变等进行了文献梳理、分析与综述,并且对无缝衔接制度的发展进行综述。在分析框架部分,以制度空间理论为视角,整合制度变迁理论、空间理论遍布于章节安排中,进行理论分析。

第三章是强制隔离戒毒制度到社区康复的衔接困境,包括封闭空间下的强制隔离戒毒所与开放空间中的社区,以及从封闭走向开放过程中的断崖式分裂与冲突,由此形成了制度的衔接困境。

第四章是基于制度空间理论的无缝衔接制度空间分析,制度空间的设置分为所内与所外及二者衔接三个环节,所内的分期及所内社区的建立,促进所内社区实现强制隔离戒毒制度的梯度社区化,同时注意管控和服务,开展时间维度上的梯度社区化举措。

第五章是在制度空间化的视角下,剖析无缝衔接制度的空间状态。该章是指区内设所环节,所外的梯度衔接以及同伴教育,所内所外的互渗整合等,共同构成强制隔离戒毒到社区康复无缝衔接社会工作制度的空间图景。

社区康复制度的梯度强制隔离化,设立社区管控中心,实现梯度衔接,并进行空间对接。

第六章是强制隔离戒毒到社区康复无缝衔接制度重构,包括主体、内容和形式。基于制度空间理论的无缝衔接制度主体分析,社区康复无缝衔接的主体制度主要包括三大环节,即从宏观与微观、从一元到多元,以及对其进行建构与完善。整合空间与主体进行无缝衔接制度建构,在现有的无缝衔接实践的基础上,构建无缝衔接制度,包括社区康复无缝衔接制度的内容、社区康复无缝衔接的实施形式等。

第七章是结论与讨论,提出本书的研究结论,剖析本书的创新点,并对不足之处进行分析,提出改进路径。

第二章 强制隔离戒毒与社区康复制度的理论基础与文献评述

本章是关于强制隔离戒毒到社区康复无缝衔接制度研究的文献综述，结合空间规训视域下的制度变迁理论，分别对制度、空间、强制隔离戒毒制度、社区康复制度与无缝衔接制度，以及戒毒制度的发展演变进行文献综述。

一、文献回顾与述评

爱弥尔·涂尔干（Émile Durkheim）曾对制度进行定义，认为制度不仅是人类行为应遵循的规则，同时也是一种运行秩序，是包括文化、认知、社会阶级分布等人类社会稳定运行的秩序。在社会学的诸多分支之中，斯坦福大学的新制度学派对制度的研究更接近当代其他社会科学。[1] 由此，知名学者周雪光将制度定义为稳定重复且有意义的符号规范。[2] 在戒毒领域，戒毒制度即一整套指引戒毒的法律规范和政策等。强制隔离戒毒制度则是一套以强制隔离对象为主体的制度，这一套制度包括戒毒医疗、心理矫治、认知教育、习艺康复等，而这一套体系又包括警务体系、戒毒管理规范体系、民警管理及考评机制等的结合。社区康复制度是一种具有福利性的制度，是对接受强制隔离戒毒之后的群体进行一定的巩固和维系，保证其戒断效果并且促进其社会融入，在社区康复制度中应该有一套与强制隔离戒毒相对应的制度体系。由此在本章的文献回顾中，对制度、强制隔离戒毒制度、社区康复制度作了文献梳理与述评，由于从强制隔离戒毒到社区康复实质上是一个空间转换的过程，因此也对空间的相关研究进行了文献梳理。

---

[1] 陈氚：《制度概念的歧义与后果》，《湖南师范大学社会科学学报》2013年第2期，第91—97页。

[2] 周雪光将制度定义为稳定重复且有意义的符号及行为规范，包括正式组织、规章、规范、社会结构等。具体参见：周雪光：《西方社会学关于中国组织与制度变迁研究状况述评》，《社会学研究》1999年第4期，第28—45页。

(一) 制度与空间研究文献回顾

综观以往文献,发现对制度的研究可以分成三个方面:制度的基本内涵、制度的研究视角和制度的本质特征。对于制度的研究相对广泛而全面,然而对社会工作制度的研究则相对薄弱,完整性和深入性有待提升。空间与制度是紧密相连的,在对空间的研究中分别对其概念、缘起、开放及封闭等进行回顾。

1. 制度研究文献回顾

从制度的基本内涵来看,可以将关于制度的研究分成三个方面:制度的分类、制度的功能及制度的运行和变迁。在制度的基本内涵中,不同的学科有着差异化的解读视角。首先从社会学视角对制度进行定义,因为本书的学科范式社会工作学是属于社会学的二级学科,由此,从社会学的视角首先进行定义。

在社会学的视角,将制度界定为一种解决问题的方法。[1] 依据不同的标准划定,可以将制度分成不同的类别,根据其层次[2]、起源[3]、领域[4]、形式[5]等范畴进行划分,可以划分出不同的范畴。从制度的功能概括来看可以分为三类:一是制度能够传递信息,[6]包括"预期功能"[7]"文化传递功能"[8]"信息功能";[9]二是制度可以引导人的行为,行为导向功能和社会控制功能、[10]保障功能和杠杆功能;[11]三是制度的意识形态功能,整合国民心理。[12]

---

[1] 从社会学视角对制度的基础性定义来看,制度是稳定地组合在一起的一套价值标准、规范、地位、角色和群体,它是围绕着一种基本的社会需要形成的,提供了一种固定的思想和行动范型,提出了解决反复出现的社会问题和满足社会生活需要的方法。具体参见:〔美〕伊恩·罗伯逊:《社会学》,黄育馥译,商务印书馆1994年版,第109页。

[2] 根据制度层次的不同可以划分为宏观层次的制度、中观层次的制度和微观层次的制度。具体参见:邹吉忠:《自由与秩序:制度价值研究》,北京师范大学出版社2003年版,第93—108页。

[3] 根据制度的不同起源可以将其划分为内部制度和外部制度,内部制度来自群体内经验演化的规则,外部制度是设计出来的,并依赖组织机制实施的。具体参见:杨伟敏:《制度本体论研究》,中共中央党校研究生院,2008年,第72—73页。

[4] 根据制度涉及的领域不同,可以将其划分为政治制度、经济制度和文化制度。具体参见:〔德〕柯武刚,〔德〕史曼飞:《制度经济学:社会秩序与公共政策》,韩朝华译,商务印书馆2000年版,第137页。

[5] 根据制度的不同表现形式,可以将其分为正式制度和非正式制度。具体参见:辛鸣:《制度论——关于制度哲学的理论建构》,人民出版社2005年版,第105页。

[6] 邹吉忠:《自由与秩序:制度价值研究》,北京师范大学出版社2003年版,第223页。

[7] 辛鸣:《制度论——关于制度哲学的理论建构》,人民出版社2005年版,第119页。

[8] 贺培育:《制度学:走向文明与理性的必然审视》,湖南人民出版社2004年版,第32页。

[9] 杨伟敏:《制度本体论研究》,中共中央党校研究生院,2008年,第80页。

[10] 贺培育:《制度学:走向文明与理性的必然审视》,湖南人民出版社2004年版,第33—34页。

[11] 杨伟敏:《制度本体论研究》,中共中央党校研究生院,2008年,第81页。

[12] 杨伟敏:《制度本体论研究》,中共中央党校研究生院,2008年,第82页。

制度的运行和变迁包含其运行环境和主体。制度的运行环境是由内部和外部两部分组成的。社会经济环境是其外部环境，主体间关系是其内部环境。制度运行主体主要包括个人、组织、团体、法人和国家；制度运行过程主要包括无意识运行和有意识的贯彻。对制度变迁的研究主要包括变迁原因和变迁方式。制度变迁的原因，马克思主义归因于物质生产力；[1]杨伟敏等人认为是社会均衡的变化，包含集团力量对比变化、成本收益变化、价值观变化等导致制度变迁；[2]制度变迁的方式被分为制度改良、制度革命和制度创新。[3]

关于制度的研究视角，社会学、法学、政治学、人类学、经济学等不同学科分别有着不同的看法。从社会学的视角来看，社会学家关于制度的研究认为制度具有保守性的本质属性；但人类学的视角和社会学略有不同，马林诺斯基认为人们通过共同行动满足其欲望，并对环境发生潜移默化的作用。[4] 法学家普遍认为法律制度是"规范"抑或是"规则"；[5]政治学家认为一致性的行为是制度。[6] 从经济学的视角来看，对制度的研究主要集中在制度经济学中，分别是旧制度经济学和新制度经济学。旧制度经济学将制度解释为集体行动决定并控制个体行为，[7]诸多学者分别以习惯为核心对制度进行解释和定义。[8] 从新制度经济学的视角分析，制度被视为一种游

---

[1] 〔德〕卡尔·马克思，〔德〕弗里德里希·恩格斯：《马克思恩格斯选集》，中央编译局译，人民出版社2012年版，第32页。
[2] 杨伟敏：《制度本体论研究》，中共中央党校研究生院，2008年，第83—90页。
[3] 辛鸣：《制度论——关于制度哲学的理论建构》，人民出版社2005年版，第177—182页。
[4] 〔英〕马林诺斯基：《科学的文化理论》，黄剑波译，中央民族大学出版社1999年版，第55页。
[5] 〔英〕米尔恩：《人的权利与人的多样性——人权哲学》，夏勇等译，中国大百科全书出版社1995年版，第10页。
[6] 美国学者亨廷顿提出：政治制度是共同利益和一致性在行为上的体现，是对法律的一致利益和共同认识，是构成一个政治共同体的两个要素。除此之外，政治共同体还有第三要素。具体参见：〔美〕亨廷顿：《变化社会中的政治秩序》，王冠华等译，生活·读书·新知三联书店1989年版。
[7] 旧制度经济学中康芒斯给制度赋予了较为宽泛的定义，"如果要找出一种普适的原则，去适应一切所属于制度的行为，我们可以把制度解释为集体行动控制个体行为"。关于控制个人行动、自由和扩展方面的集体行动就形成了一种制度。具体参见：〔美〕约翰·康芒斯：《制度经济学》，于树生译，商务印书馆1962年版。
[8] 斯考特为制度下了一个明确的定义："社会制度指的是社会的全体成员都赞同社会行为中带有的某种规律性的东西，这种规律性具体体现在各种特定的往复的情境之中，并且可以由某个外在权威施行抑或是可以自行施行。"凡勃伦认为制度必定随着环境的变化而变化，因为，制度是习惯适应的产物，就其性质而言，它就是这类由环境刺激反应而引发的一种习惯方式。这些制度的发展也就是社会的发展。因此，在他的定义下，制度实质上就是个人或者社会对有关某些关系或某些作用的一种习惯。具体参见：秦海：《制度范式与制度主义》，《社会学研究》1999年第5期，第38—67页。

戏法则和制约,①也被视作一种公共品,②作为有一定的排他性的"公共品"。③ 在奥地利经济学派的分析中,首创了制度分析模型,将制度进行了定义。④

从制度的本质特征来看,当前已有文献对制度的发展历程有着深入的解读。对制度本质的理解,不能从其一般发展来看,也不能囿于其自身,而是要做到从根源于物质的生活关系这个范畴来进行理解。制度不仅包含人的思想观念等要素,还包括思维意志等,是人的观念、意志、思维、要求的表现,反映社会生产的方式。从其本质上来看,制度被看作历史、关系和规范的多重范畴。

制度的历史范畴的本质来自它的社会和经济的基础。随着社会经济基础的变化,制度也会发生一系列的变化。根据社会形态的不同呈现,制度表现出不同形式。正如恩格斯所言,随着社会发展,制度从规则到习惯再到法律。⑤ 恩格斯的理论中,不仅说明了制度的历史起源问题,同时对制度的历史形态的衍变进行了基础的分析。

制度是整合社会的主客体要素的存在,本质上是一个关系的范畴。制度通过相关对象之间发生相互作用,用相互联系来代替隔离,制度体现为一种具有中介性质的整合的关系范畴。每个社会主体和其他主体发生关系时,都要遵循制度的基本规则,如果没有制度作为中介,任何社会都没有其自身的规定性。没有这种规定性,社会就会逐渐沦为一盘散沙。社会的组织方式被反映为制度,是作为社会内部各要素之间的内在关系,遵循着一定

---

① 诺斯对制度作了明确的规定,不仅对制度作了明确的解释,还将组织与制度进行了区分。诺斯提出:"制度是一个社会的游戏规则,或者更规范地说,是一种决定人们的相互关系而设定的一种制约。制度构造了人们在经济政治社会等方面发生交换的激励结构。制度的变迁决定了社会的演进方式,是理解历史变迁的关键。"具体参见:〔美〕道格拉斯·诺斯:《制度、制度变迁与经济绩效》,刘守英译,生活·读书·新知三联书店1994年版,第5页。
② 萨缪尔森对制度的理解是将其定义为"公共品",在他的思想概念中,一个人消费这些物品并不会对其他人的消费造成任何损失。具体参见:曾小华:《文化·制度与社会变革》,中国经济出版社2004年版,第119页。
③ 卢现祥:《西方新制度经济学》,中国发展出版社2003年版,第36页。
④ 当行为当事人处于一个重复的博弈状态,一个群体的所有成员行为的一种规律性,并且仅当其是真实的共识时,这就是制度。具体参见:秦海:《制度范式与制度主义》,《社会学研究》1999年第5期,第38—67页。
⑤ 恩格斯指出:"在社会发展的某个很早的阶段,生产这样一种需要:把每天重复的生产、分配和交换用一个共同的规则约束起来,借以使个人服从生产和交换的共同条件。这个规则首先表现为习惯,不久便成了法律。随着法律的产生,就必然产生以维护法律为职责的机关——国家。"具体参见:〔德〕卡尔·马克思、〔德〕弗里德里希·恩格斯:《马克思恩格斯选集》,中央编译局译,人民出版社2012年版,第221页。

的客观规律。制度与人和社会是一种辩证的关系,是一种互动而产生的辩证关系。社会被看作各种关系的结合,也是作为制度发挥作用的环境。总之,在所有的社会关系中,不外乎是个人、社会和集团交叉形成的个体和整体之间的关系。按照这种不同的层次分类、不同主体关系和不同方面进一步映射到制度中,就形成了制度的层次分类。

制度可以通过一个相对比较有争议的判断来解释作为规范范畴的本质:制度告诉人应该做什么、能够做什么、必须做什么抑或是不能做什么。制度是人生存在和发展的保障与规范,也是影响个体发展和才能实现的重要因素。从其本质上来看,制度是一种调整人与人之间社会关系的行为规范,这是需要依托一定目标及客观强制保障实现的。在制度规范面前,人并不是处于一种毫无作为的被动状态,即使在一定的社会环境内,制度一直有着规范人的行为的作用,但从历史上来看,任何制度和人的利益选择都会是密切相关的状态,二者之间存在着辩证的联系。

在社会工作制度研究概述方面,当前国内学者对于社会工作制度的研究相对较少,中组部及民政部等十八部委在2011年联合发布的文件中首次提出关于社会工作的制度建设。[1] 在2012年前后涌现出了一大批研究"社会工作制度"的文献,此后又归于沉寂。国内学者对社会工作制度的研究主要集中在两个方面:一方面是对社会工作制度概念和内容的理解;另一方面是对社会工作者制度建设的不足、其不足的原因和如何应对的对策分析。

总体来看,对社会工作制度的理解主要分为三种。第一种是将社会工作制度直接等同于"社会工作人才制度",围绕着社会工作人才的"培养、评价、使用和激励"来进行设置的制度。[2] 基于此,学者葛道顺也认为专业社会工作制度包括上述内容。[3] 第二种,将社会工作制度看作与社会工作人才队伍建设这一主题相关的制度,即除了强调人才的培养、评价、激励和使用等基础性内容,同时也强调法律制度、组织制度和财政制度的内容,虽然在内容上有所拓展,但始终围绕着"人才"这一个主题在展开;[4] 关信平也认

---

[1] 中国政府网:《关于加强社会工作专业人才队伍建设的意见》,https://www.gov.cn/gzdt/2011-11/08/content_1988417.htm。
[2] 甄炳亮在将"社会工作人才制度"等同于"社会工作制度"的前提下提出了社会工作制度建设的三个内容:社会工作者评价制度、社会工作者教育培训制度和社会工作者使用制度。具体参见:甄炳亮:《中国的社会工作制度建设》,《社会福利》2007年第5期,第15—17页。
[3] 葛道顺:《社会工作制度建构:内涵、设置与嵌入》,《学习与实践》2012年第10期,第81—89页。
[4] 张昱指出社会工作制度包括"社会工作法律制度、职责定位制度、职业制度、组织制度、职业资格制度、职业激励制度、职业评价制度、人才制度、专业技术制度、职业支持制度"。具体参见:张昱:《发展社会工作亟须顶层设计》,《中国社会工作》2012年第21期,第50页。

为制度应该作为一个规范体系,①闻英也秉持相近的观点,阐述了制度应该包含的内容。② 第三种,是认为社会工作制度绝对不仅仅是"社会工作人才队伍制度",③而是包括与社会工作相关的制度,④王思斌、李春耕和刘继同⑤等人支持此观点。三类学者对"社会工作制度"的理解虽有不同,各自有其侧重方向,但其共同点都承认社会工作制度中社会工作人才队伍建设的重要性。

学者们指出,当前社会工作制度建设仍然存在一定的不足,这种不足主要表现在以下几个方面:一是社会工作制度建设的非系统性,具体表现在社会工作人才队伍建设成效比较显著,但是其他方面的制度建设较为落后,在社会工作人才制度建设中又出现了"教育培训先行、激励使用滞后"的现象;二是社会工作制度建设的非均衡性,即地域和领域之间的差距过大;⑥三是社会工作制度建设的低法治化,缺乏社会工作的专门法律和行政法规,既有的政策文件力度和层级都有所不足;⑦四是社会工作制度建设体制选择难题,在公办和民办之间处于两难境地;五是社会工作制度建设的行政性色彩浓厚、服务对象需求被忽视。⑧ 社会工作制度不足的原因主要是:由于

---

① 关信平指出社会工作制度应包括"规范专业社会工作服务组织的制度体系,规范专业社会工作委员会的制度体系,以及规范其他设立社会工作部门的相关制度体系"。具体参见:关信平:《论当前我国专业社会工作的制度建设》,《国家行政学院学报》2017年第5期,第21—27页。

② 闻英指出社会工作制度的内容应该包括"财政支持制度、伦理守则、规章、法律、社会工作人才政策措施和制度保障"。具体参见:闻英:《社会建设与社会工作制度的建构》,《人民论坛》2012年第27期,第112—113页。

③ 王思斌认为社会工作制度是"有关社会工作人员的制度、保障社会工作有效服务的制度、社会福利资源筹集与合理配送的制度、社会工作群体自律和事业持续发展的制度"。具体参见:王思斌:《我国社会工作制度建设分析》,《社会工作与管理》2013年第5期,第12—18页。

④ 李春耕认为社会工作制度包括"社会工作决策制度、宣传制度、动员制度、保障制度、服务制度和评价制度"。具体参见:李春耕:《执政条件下党的社会工作制度创新研究》,华东师范大学博士论文,2012年。

⑤ 刘继同认为社会工作制度要包括国家规划发展蓝图、社会立法与政策法规体系、国家社会政策框架、国家社会福利政策框架、社会工作教育与培训体系、社会工作理论研究与社会工作服务机构体系、公共福利财政与社会工作专业服务机构体系、专业化、个性化社会服务与专业实务体系、公共福利财政与社会工作专业的筹资体系、社会工作行政管理体制与绩效评估体系。具体参见:刘继同:《中国特色现代社会工作制度框架设计研究》,《北京大学学报》2014年第6期,第38—43页。

⑥ 王瑞鸿:《制度建设是通往社工春天的康庄大道》,《中国社会工作》2011年第32期,第57页。

⑦ 关信平:《论当前我国专业社会工作的制度建设》,《国家行政学院学报》2017年第5期,第21—27页。

⑧ 葛道顺:《社会工作制度建构:内涵、设置与嵌入》,《学习与实践》2012年第10期,第81—89页。

中国国情和历史性因素的存在导致社会工作制度的非系统性；中国社会工作发展专业化优于职业化，社会工作教育的发展历史比较长，但社会工作作为一种职业发展的历史较短。为了回应这种历史发展需要，国家出台了围绕社会工作人才队伍建设的政策文件。社会工作制度的非均衡性是由于国家的政策和地方实践共同作用的结果。从国家政策来看，国家优先选择地方进行试点，优先发展这些地区的社会工作，从而导致试点地区的社会制度优于非试点地区的；从地方实践来看，主要包括政府与社会这两个不同的主体。作为社会工作制度建设的先行者，上海和深圳就实践了两条完全不同的路径：上海是民众自下而上地自发推动社会工作制度的发展，深圳则是依靠政府力量的自上而下强力推动来实现社会工作制度的发展。由于社会工作制度建设并不是地方官员的考核硬指标，因此地方政府会有选择性地不发展社会工作。[1]

国外对社会工作的研究领域主要是集中在实务领域，关于社会工作制度的研究相对缺乏。笔者对此作出如下文献梳理：

关于社会工作教育制度的研究，有学者研究美国通过实施教育政策来促进社会工作的发展，逐渐将社会工作的治疗取向转变为预防和发展的取向。通过一项美国政府资助的发展中国的家庭计划项目加深对社会工作教育和社会工作实务的了解，认为作为一名相对比较优秀的社会工作者，首先要有比较深的利他情怀，要了解所处的时代经济社会背景，[2]应出于职业理想来从事社会工作职业，而并非为生计所迫。[3] 除此之外，关于社会工作教育，还要注意其广度和深度的研究。[4] 大卫·查利斯（David Challis）等人研究了作为社会工作检测制度之一的记录制度的发展情况。[5]（英国）卫生和社会服务部门（Department of Health and Social Services, DHSS）认为社会工作记录制度有明显的弊端，缺乏可比性、可变且模糊不清、无法理解等情况。[6]

---

[1] 周黎安：《中国地方官员的晋升锦标赛模式研究》，《经济研究》2007年第7期，第36—50页。

[2] Brandwein, R. A., Kendall, K. A.: "A Social Work Institution", Affilia Spring, 2005, p.103 110.

[3] Kendall, K. A.: "Social work education: Its origins in Europe. Alexandria", VA: Council on Social Work Education, Oct. 2000.

[4] Kendall, K. A.: " Council on Social Work Education: Its Antecedents and First Twenty Years.Alexandria", VA: Council on Social work Education, 2002.

[5] Challis, D.: "A System for Monitoring Social Work Activity with the Frail Elderly", British Journal of Social Work, May 1985, p.115 – 132.

[6] Parsloe, P.: "Records in Social Services Departments-An Unrecognized Revolution", International Journal of Information Management, Mar. 1986, p.2 – 56.

多位研究者赞同上述的观点,[1]并进一步阐述。[2]

缺乏可靠性和系统性的记录制度给管理和专业提升带来了难度,因此没有文件记录显示哪种方法是如何发挥作用的。大卫·查利斯等人同时指出,社会工作记录制度由四部分构成:评估文件、个案回顾表格、花费清单、检测表。[3] 威廉·E. 戈登(William E. Gordon)研究了社会工作文献和知识的分类制度。对社会工作文献与知识进行分类首先需要确定一些要素,比如说到底对什么进行分类、彼此间的关系、经验取向抑或是概念取向等。威廉·E. 戈登从人和环境的关系层面进行分类。[4]

学界当前对于制度的研究相对较为完善,但是关于中国社会工作制度的研究则相对薄弱,深入性和完整性有待提升,其中关于禁毒社会工作制度的研究除零星提到的"上海模式"研究之外,其他的几乎是一片空白。

具体来说,关于制度的文献综述显示制度是一个系统,[5]且核心目标包括"目标、组织、规则和保障"。[6] 因此,诸多学者将制度看作目标系统、规则系统、组织系统和保障系统四个子系统所共同组成的一个系统,[7]由于对禁毒社会工作制度的研究相对比较薄弱,这里将社会工作制度作为一个分析蓝本来进行分析,[8]将其放在制度系统论的框架下进行分析。[9] 笔者在制度系统论的基础上将社会工作制度也看作一个系统,将其划分为四个子系统,分别是:目标导向系统、规则约束系统、组织实施系统和设备保障系统。通过文献梳理发现有关社会工作制度的研究存在以下问题:一是要素缺失,如"目标导向系统"的缺失;二是要素不完整,如"规则约束系统"只关注宏观层面的法律建设和微观层面的伦理价值,而忽略了中观层面的行业守则;"组织实施系统"只关注社会工作人才队伍建设,而忽略了社会工作人才与其他主体之间关系的制度建设;"设备保障系统"只提到了财政制度,而忽略

---

[1] Fitzgerald, R.: "The Classification and recording of social problems", *Social Science and Medicine*, Dec. 1978, p.255-263.
[2] Timms, N.: "Recording in Social Work", London: Routledge & Kegan Paul, 1972.
[3] Challis, D.: "A System for Monitoring Social Work Activity with the Frail Elderly", *British Journal of Social Work*, May 1985, p.115-132.
[4] Gordon, W. E.: "A natural classification system for social work literature and knowledge", *Social Work*, Feb. 1981, p.134-138.
[5] 郑杭生:《社会学概论新修》,中国人民大学出版社2015年版,第186页。
[6] 〔日〕青木昌彦:《比较制度分析》,周黎安译,上海远东出版社2001年版,第11页。
[7] 杨伟敏:《制度本体论研究》,中共中央党校研究生院,2008年,第69页。
[8] 辛鸣:《制度论:关于制度哲学的理论建构》,人民出版社2005年版,第84—113页。
[9] 贺培育:《制度学:走向文明与理性的必然审视》,湖南人民出版社2004年版,第17—22页。

了人才配备和场地配置等,并且忽略了非实用设备,即精神符号设备。

当前学界对社会工作制度的研究聚焦于"谁来做"的问题,这在法律政策上也体现得淋漓尽致,如目前出台的与社会工作有关的法律规范和政策等都是关于社会工作人才队伍的制度建设。但是国内外有关制度研究都显示制度的核心要义是规则,即强调怎么做。因此,现有的对于社会工作制度的研究是有所偏离的。

聚焦禁毒社会工作领域,中国出现的第一个明确以"禁毒社会工作"为题的规范性文件是 2017 年 1 月国家禁毒办联合十二部委印发的文件,即《关于加强禁毒社会工作者队伍建设的意见》。可见,戒毒社会工作人才队伍建设仍然是优先的,"谁来做"仍占据社会工作制度和禁毒社会工作制度建设的主导地位。本书致力于改变这种现状,回归制度本身,强调制度的规则功能,在禁毒社会工作制度中、在四个系统的基础上强调规则的设立,突出规则的重要性。

2. 空间研究文献综述

在社会空间的概念与其发展历程方面,文军曾提到,20 世纪社会学理论的历史是"空间"的缺席与断裂,随着社会理论的复兴和扩展,从 20 世纪五六十年代开始,"空间"被逐渐带回了社会学理论的架构,由此引发了对"社会空间"概念、意义及其应用的探讨。① 有学者总结将社会空间分为五类,从而丰富了空间的意涵。②

社会空间这个概念最早是由涂尔干提出的,用来研究社会分异的问题,认为社会学研究是由社会生理学和社会形态学两个主体部分构成。在对社会空间的这种理解中,群体被视作社会生活的基本组成环节,与其共同构成的社会关系等组织,诸如家庭等社会空间被看作经济空间的一部分,看到了生产消费结果形成的社会空间,却忽视了社会空间对生产消费的作用以及社会空间自身的生产。此类观点提供了开端,却有一定的局限性。③

在对社会空间的研究中,法国的地理学家索尔提出,社会空间作为一种地域,将其区域视作一个个马赛克,并且此类马赛克具有各自系统交叉形成

---

① 文军:《西方社会学理论:经典传统与当代转向》,上海人民出版社 2006 年版。
② 一是心理空间,指社会主体的精神活动世界;二是行为空间,指社会主体行为可能活动的范围;三是关系空间,指社会主体之间关系构成的世界;四是权力空间,指权力可能施展的控制、占有范围;五是信息空间,指网络、知识、文化所生成的信息世界。具体参见:潘可礼:《社会空间论》,中央编译出版社 2013 年版。
③ Claval, P.: "he Concept of Social Space and the Nature of Social Geography", *New Zealand Geographers*, Feb. 1984, p.105–109.

的网络,不仅具有整体的同质性,还具有各自特定的社会空间与独特价值。① 法国的社会学家劳维进一步发展了索尔的观点,将社会空间分成了主观和客观两部分的空间,社会群体和成员所感知的社会空间被看作主观社会空间,社会群体生活的框架空间被看作客观社会空间。社会空间是具备共同性质的社会群体组成的地域,这个地域有着相似的感知和认同感,这种地域空间和其他空间的不同之处在于其促成社会意识的形成。②

约翰斯顿将社会空间定义为社会群体感知的空间,这种空间会被社会群体利用,并且与个人空间不同,这种空间具备共同的价值感和态度行为。③ 社会空间作为地域的概念已经被地理学界作为社会空间分析的重要视角。社会空间还被看作社会网络与个人行为交织的产物,这种观点认为,个人通过亲友等媒介形成的社会关系区域构成了社会空间。劳维对巴黎的研究中,讲述了一个年轻的女子在巴黎旅行时通过亲友为媒介而形成的信息区域。④ 在这种理解中,个人迁移被看作社会群体成员的标志,社会空间被置于社会关系视角,并不被看作同质性区域。⑤

社会具有空间的维度,每个个体成员的社会空间就是他们所处的整个社会网络。社会空间是有边界的地域概念的空间逐渐演变成了没有边界的模糊的空间,社会网络分析成了重要的分析方式。⑥ 社会网络分析学将社会看作一个网络的社会,⑦彼此交织的网络组成了社会。但是社会学只强调个体间的关系,忽视了地理空间对社会网络带来的影响。⑧ 由此,从地理学的视角进行切入,就成了重要的视角。⑨

社会空间还被看作一种文化符号,被看作描述社会结构和关系的一个抽象的系统。布迪厄认为社会空间可以像地理空间一样,划分成不同的区域,越接近则共同属性特征越多。社会关系是行动者的资源,这种资源包括

---

① Buttimer, A.: "Social Space In Interdisciplinary Perspective", *Geographical Review*, Mar. 1969, p.417-426.
② Lauwe, H.: "Paris et l'agglomération parisienne: L'espace social dans une grande cite", Paris: Pressed Universitaires de France, 1952.
③ 〔英〕约翰斯顿:《人文地理学词典》,柴彦威等译,商务印书馆2005年版,第660页。
④ Lauwe, C.: "essais de sociologie 1952-1964", Paris: Les Editions Ouvrières, 1965.
⑤ Simon, G.: "L'espace des travailleurs tunisiens en France: structures et fonctionnement d'un champ migratoire internationall", Paris: Saint Martin d'Hères, 1981.
⑥ 林聚仁:《社会网络分析:理论、方法与应用》,北京师范大学出版社2009年版。
⑦ 〔西〕曼纽尔·卡斯特:《网络社会的崛起》,夏铸九、王志弘等译,社会科学文献出版社2001年版。
⑧ 〔美〕保罗·诺克斯:《城市社会地理学导论》,柴彦威等译,商务印书馆2005年版。
⑨ 李蕾蕾、苏玉石、刘晶:《社会网络的空间化——以深圳传媒产业为例的社会地理网络研究》,《人文地理》2013年第4期,第34—40页。

经济、社会、文化和符号各个方面。① 个体在社会空间中的排位是由其个体占据的资源总量和比重决定的,社会空间用来彰显个人的身份和地位的坐标。②

社会空间还被看作社会与空间的辩证统一体,这是由马克思主义学者将社会空间看作社会群体的生活区域而产生的思想。空间不是自然实体,而是资本构造的。空间是社会生活和社会关系的产物,同时会生产社会关系。③ 空间生产成为马克思主义的重要视角来进行社会分析。④ 列斐伏尔在解释资本主义的社会发展过程时,将其解释为突破地理束缚而实现自我生产。⑤ 空间的整体形态和社会结构息息相关,社会空间本质都是一种关系结构。⑥

在封闭空间与开放空间研究综述方面,对于封闭空间与开放空间的研究有很多,均是从不同的领域与方向进行阐释,对二者分别进行综述,再将二者结合,从而把握二者之间的关系。

对于封闭空间的研究主要集中在景观设计领域、文学艺术领域和自然科学的爆破、灭火、半导体等领域。在不同领域有不同的定义,在建筑设计领域被定义为"用具有限定性的诸如承重墙等比较高的围护实体包围起来的、无论是在视觉、听觉等方面都有很强隔离性的空间";⑦在文学艺术领域被定义为"与外界相对隔绝的空间环境"。⑧ 因此,对于封闭空间可以从内外两个维度进行理解,即对内的规范与秩序、对外的隔绝与禁锢。

关于开放空间的研究,主要集中于城市建筑规划领域,对于开放空间的定义,不同学者对其有着不同的释义。英国《开放空间法》特别界定了对开放空间的定义:任何围合起来或未曾围合的土地,并且在其中最多不超过1/20 的场地存在建筑物,或者不存在建筑物,可以被用作公园等公共场所或者是未曾被使用的空间。美国《房屋法》对开放空间的界定是:具有公园等类别的价值、满足娱乐的价值、具有土地及其他自然资源保护的价值和具

---

① Bourdieu, P.: "The Social Space and the Genesis of Groups", *Theory and Society*, Jun. 1985, p.723—744.
② Bourdieu, P.: "Social Space and Symbolic Power", *Sociological Theory*, Jul. 1989, p.14–25.
③ Harvey, D.: "Social justice and the city", Oxford: Basil Blackwell, 1988.
④ Soja, D. W.: "THE SOCIO-SPATIAL DIALECTIC", *Annals of the Association of American Geographers*, Feb. 1980, p.207–225.
⑤ Lefebvre, H., Translated by Nicholson-Smith D.: "The production of space", Oxford: Basil Blackwell, 1991.
⑥ 何雪松:《社会理论的空间转向》,《社会杂志》2006 年第 2 期,第 34—48 页。
⑦ 张绮曼、潘吾华:《室内设计资料集》,中国建筑工业出版社 1999 年版。
⑧ 张会军、黄英侠:《电影理论:叙事分析与文本书》,中国电影出版社 2014 年版。

有历史或风景的价值。① 简言之,开放空间是令人舒适且广阔、可供公共使用的空间,其广阔性与无边界或模糊边界成为其特点。

(二)强制隔离戒毒与社区康复制度研究文献回顾

1. 强制隔离戒毒制度研究文献回顾

以我国《禁毒法》的颁布作为一个关键性文本,②强制隔离戒毒的特征首先体现在其强制性方面,在以强制力量作为基本保障的同时,依据相关法律规范对戒毒人员实施强制隔离戒毒的措施,在这个措施的执行过程中,执行的地点和内容都是由强制机关独自意志为主导。根据相关的法律规定,戒毒人员在强制隔离戒毒场所中的行为和自由是相对受限的,并且必须服从场所的安排,在场所中遵守各项规定,接受教育矫治和思想矫正;在场所中积极从事劳动活动,不得违反队规队纪,以免受到所内的强制性管控措施。这些都体现了强制隔离戒毒的强制性特征。限制人身自由的强制措施和处罚只能由法律规定,我国《立法法》明确规定,这种强制性是由国家机关授权采取的强制性行为。③

除强制性之外,强制隔离戒毒制度也具有一定的惩罚性效用。由于吸毒成瘾人员的身心长期被毒品伤害,会产生诸如好逸恶劳等人格障碍,不少戒毒人员在毒瘾发作时六亲不认,带来了极大的负面影响。在某种情况下,戒毒人员无法控制自身情绪,也无法主导自身行为,这就会产生一定的危险性。《刑法》和《治安管理处罚法》虽然有限制人身危险性的规定,但二者对于吸毒成瘾人员的控制仍显不足。由此,通过对强制隔离戒毒的实行,不仅践行了戒毒人员受害者和病人的角色定位,帮助其完成戒断毒瘾这一艰巨的任务,还会兼顾戒毒人员的违法者身份,对其进行惩罚和强制教育等,具有惩罚性。

强制隔离的强制性与惩罚性昭示着强制隔离戒毒的核心要义,即其封闭性。毒瘾戒断之难在于心瘾,心瘾不除,毒难断。由此作为截断毒瘾源头

---

① Turner, T.: "Open Space Planning in London", *Town Planning Review*, Apr. 1992, p.365 - 385.
② 根据《禁毒法》的规定,在符合以下条件时,公安机关可以作出强制隔离戒毒的决定:吸毒成瘾人员拒绝接受社区戒毒的;严重违反社区戒毒协议的;在社区戒毒期间吸食、注射毒品的;经社区戒毒、强制隔离戒毒后再次吸食、注射毒品的。对于吸毒成瘾严重,通过社区戒毒难以戒除毒瘾的人员,公安机关可以直接作出强制隔离戒毒的决定。吸毒成瘾人员自愿接受强制隔离戒毒的,经公安机关同意,可以进入强制隔离戒毒场所戒毒。
③ 资料来源:我国《立法法》。根据第 42 条规定,戒毒人员进入强制隔离戒毒场所戒毒时,应当接受对其身体和所携带物品的检查。第 44 条第 2 款规定对可能发生自伤、自残等情形的戒毒人员,可以采取相应的保护性约束措施。束缚带的使用说明这种保护性约束措施在强制隔离戒毒工作中具有强制性。

的最优选就是阻断戒毒人员与毒品的接触,从而引发强制隔离戒毒的封闭性。强制隔离戒毒有着严格的封闭管理环境,高墙环绕且四处监控,以此将戒毒人员与外界的联系隔绝,阻断其与毒品的接触。在强制隔离戒毒所的高墙内,依据其固有的轨迹进行运转,从而达到较好的戒断效果。强制隔离戒毒所内的戒断率极高,由此显示封闭性环境的独特优势。

强制隔离戒毒还具备一定的矫治性,并不是单纯地进行毒品的戒断和生理脱毒,更重要的是贯彻帮助戒毒人员的思想,使其重返社会。如此在强制隔离戒毒所内要对戒毒人员进行综合化处遇,包括以药物治疗为基础、以心理疏导为抓手,同时融入劳动培训以及道德教育等内容,促进其身心的康复。在运用医学手段的同时,全方位多角度使用多种方式对其进行矫治。

在荷兰,毒品合法化,毒品分为硬毒品和软毒品,其中软毒品由于成瘾性不强,其销售和吸食是被允许的。美国毒品消费巨大,毒品问题已经成为严重的社会问题,吸毒被视作慢性脑部疾病,由此,主要采取医疗康复和社会心理的模式来进行治疗,发动社会力量进行齐抓共管,共同参与。美国对吸毒成瘾人员的矫正主要是心理矫正,并综合其他包括美沙酮维持疗法等措施。东南亚国家实行强制戒毒,新加坡以严厉的刑法来遏制毒品的蔓延与肆虐,被发现吸毒将被处以鞭刑,并判处监禁。近年来这种情况有所转变,即首次被发现的吸毒者将被送进强制戒毒所内进行综合治疗,这种治疗的内容包括生理戒毒和康复、组织进行有规律的工作活动和技能训练。对已经完成戒毒任务的人员进行监督和检查,发现复吸现象就将其送回强制戒毒所并进一步处以鞭刑和监禁处罚。

我国香港特区推进的是强制戒毒、自愿戒毒和康复计划结合的方式,政府和非政府机构推行的是多元化的戒毒模式,对于轻微犯罪并被判处监禁的药物滥用依赖者处以强制戒毒,其他的则还是以自愿戒毒和康复的模式为主。在香港,主要依赖诸多的社会机构来执行这一计划,社会力量发挥得较为充分。澳门特区没有成立专门的强制戒毒机构,主要是通过社会力量来负责戒毒工作,且是以自愿戒毒为主要模式。台湾地区对戒毒人员的理念是治疗为主、处罚为次,医疗为先、司法为后,针对初犯和再犯等不同情形有着不同的设置和安排。

综述已有文献可知,对强制隔离戒毒的研究主要从以下四个方面展开:

一是对强制隔离戒毒制度本身的研究,[1]包括对强制隔离戒毒制度本

---

[1] 王瑞山:《试论我国强制隔离戒毒制度的完善》,《华东师范大学学报(哲学社会科学版)》2015年第3期,第57—62页。

身的完善、[1]法律定位、[2]转型发展[3]及自身推进路径的研究。[4] 二是对强制隔离戒毒对象的研究，包括强制隔离对象的吸毒原因、[5]戒毒动机、[6]戒毒对策、[7]心理状况、[8]健康认知[9]等方面的研究。三是对强制隔离戒毒对象的干预研究，包括社会工作介入、[10]个案工作介入、[11]心理治疗、[12]教育矫治、[13]矫治策略[14]等方面。四是对全国各地强制隔离戒毒模式的研究，包括"六+一"模式、[15]"四四五"模式、[16]"四三二"模式、[17]"五疗并举"[18]和"三期四区"[19]等模式。以上四个方面，共同组成了目前已有的对强制隔离戒毒的

---

[1] 曾庆学：《强制隔离戒毒的法律监督研究》，《吉首大学学报（社会科学版）》2014年第A1期，第14—17页。

[2] 包涵：《中国强制隔离戒毒的法律定位及制度完善》，《北京社会科学》2015年第5期，第106—114页。

[3] 吕素兰、赵鸿仁：《论强制隔离戒毒转型发展中的制度推进》，《中国司法》2015年第4期，第91—94页。

[4] 齐延安：《关于推进强制隔离戒毒工作的路径思考》，《中国司法》2015年第12期，第71—75页。

[5] 何志雄、罗伟导、丘志文、邱鸿钟：《对吸毒原因的调查与分析》，《中国药物滥用防治杂志》2004年第1期，第20—23页。

[6] 吴倩影、陈天真、赵敏：《女性强制隔离戒毒人员戒毒动机与负性情绪的相关分析》，《精神医学杂志》2018年第3期，第169—172页。

[7] 刘平亮、阳鑫：《强戒人员戒毒动机分析及对策研究》，《犯罪与改造研究》2017年第7期，第31—37页。

[8][10] 梁延志、高玉芳：《强制隔离戒毒领域的社会工作介入研究——基于需求层次理论的视角》，《中国药物依赖性杂志》2017年第5期，第383—384页。

[9] 李梦、赵岚岚、贾忠伟：《强制隔离戒毒人员健康认知及影响因素分析》，《中国药物滥用防治杂志》2018年第4期，第191—196页。

[11] 符军、宋维俏、郭青、符安之：《个案工作在强制隔离戒毒领域的应用研究》，《中国药物滥用防治杂志》2016年第6期，第346—348页。

[12] 陈启：《强制隔离戒毒人员心理矫治初探》，《河南司法警官职业学院学报》2016年第2期，第115—117页。

[13] 刘德隆、余功才、方华坤：《关于强制隔离戒毒人员教育矫治方法的实践与思考》，《中国司法》2011年第1期，第49—52页。

[14] 赵艳婷、陈家言、余金聪、鄢栋、曹洁频、王增珍：《戒毒心理治疗困境和策略探讨》，《中国药物滥用防治杂志》2016年第6期，第531—536页。

[15] 阎晓丽、王凤兰、郝学敏：《"6+1"心理戒毒及防复吸干预模式的构建及实践——一项基于山西太原的实证研究》，《中国药物滥用防治杂志》2016年第1期，第38—40页。

[16] 滕关和、赵鸿仁：《"四四五"戒毒模式下法治建设推进之理性思考》，《中国司法》2017年第1期，第92—95页。

[17] 杨永生、朱震东、蒲悦文：《在"四三二"模式下打造智慧型戒毒所的设想与对策》，《中国司法》2016年第6期，第80—84页。

[18] 赵庆春：《"五疗并举"在强制隔离戒毒中的作用》，《中国药物滥用防治杂志》2012年第4期，第215—217页。

[19] 马滔、岳光辉、吴珑：《"三期四区"强制隔离戒毒模式探究：以星沙强制隔离戒毒所为例》，《湖南警察学院学报》2016年第6期，第108—115页。

研究。

2. 社区康复制度研究文献回顾

中国长期实行以强制隔离戒毒为主的戒断制度,自愿戒毒作为一种辅助手段,社区开展的社区戒毒和康复也被视作一种补充形式。2008年《禁毒法》的颁布使得社区戒毒有了法律保障;2011年国务院《戒毒条例》具体规定了各项戒毒措施,①全面规范了戒毒工作,使戒毒工作更加明确;2014年中共中央、国务院《关于加强禁毒工作的意见》,提出大力加强自愿戒毒工作,全面推进社区戒毒、社区康复工作,提高戒毒实效;2015年《全国社区戒毒社区康复工作的规划》进一步完善戒毒治疗、康复指导、救助服务相结合的戒毒康复体系。

在实际工作中,社区戒毒、社区康复常被放在一起使用,实质上社区戒毒与社区康复两者既有内在联系又有本质区别,其区别是社区戒毒与社区康复是两种不同的戒治手段。前者是参加社区戒毒的人员没有经历强制隔离戒毒所而直接在社区内进行的戒治方法;后者是从强制隔离戒毒所出来后到社会及社区进行的康复环节,虽然两者使用的方法和手段相似,但从本质上是两种手段。由于在实际操作中,人们常把社区戒毒与社区康复混用,因此在本书中,在界定清晰二者的概念之后,仍沿用惯例,将对社区戒毒的阐述纳入社区康复之中进行综述。

关于社区戒毒康复的国内外文献显示,早期的社区戒毒与医学、心理学的结合较多,后来逐步扩展到社会学领域。把社会学方面的研究与生理、心理结合起来;之后社会学方面的研究就逐渐丰富起来。②

在2008年《禁毒法》颁布以后,国内学界开始探讨社区戒毒的必要性、重要性,以及成效与优势。③ 胡鹏等、④张昱等、⑤王竞可等、⑥钟莹等⑦认为

---

① 李姝音、黄莺:《我国现行强制戒毒制度研究》,《政法学刊》2005年第3期,第72—74页。
② 韩丹:《社区戒毒模式研究——基于多远整合视角的实证分析》,《西南政法大学学报》2011年第4期,第110—118页。
③ 张昱、胡鹏:《需求治理视角下吸毒人员社区康复研究》,《湖南科技大学学报(社会科学版)》2015年第4期,第63—67页。
④ 胡鹏、张昱:《基于戒毒者行为逻辑的戒毒法律制度完善研究》,《甘肃政法学院学报》2014年第6期,第88—95页。
⑤ 张昱、胡鹏:《中国禁毒工作发展面临的八大挑战》,《上海政法学院学报(法治论丛)》2010年第3期,第22—26页。
⑥ 王竞可、胡鹏:《论社会工作介入社区戒毒(康复)中的意义》,《云南警官学院学报》2010年第1期,第64—67页。
⑦ 钟莹、刘传龙:《〈禁毒法〉背景下的社区戒毒工作与社会工作介入》,《江西师范大学学报(哲学社会科学版)》2011年第3期,第109—113页。

社区戒毒在帮助戒毒人员恢复身心健康，重建社会关系，给予戒毒人员自信和尊严，促进戒毒人员顺利融入社会等方面卓有功效。社区戒毒帮助戒毒人员重返社会，创新了工作理念和方式，同时能够推动禁毒社会工作的发展。

英国社区戒毒模式中的处方体系疗法是现在使用的美沙酮替代疗法的前身，基于这种疗法，在英国吸毒被归类到疾病的范畴，为了治疗疾病，使用医疗的手段来进行，由此来解决毒品成瘾问题。美国的治疗性社区戒毒模式始于20世纪60年代中期，然后逐渐发展壮大，是国外采用最广泛的针对戒毒人员的心理康复模式。这种模式是在一起生活的环境中使用一套鲜明的管理机制和条例，在遵循戒毒人员自治的情形下，内部自治和外部环境形成一种双重的合力，形成新的戒毒力量，以此来回归社会。除此之外，还有西班牙形成戒毒村落的独特模式，意大利形成团结中心的戒毒模式，日本实行地域网络的社区治疗模式。[1]

国内社区戒毒在实践中不断探索具有独特性的模式，韩丹通过对"生理—心理—社会"综合性干预模式进行阐述，认为戒毒关键是将美沙酮社区维持治疗贯彻到底，并对戒毒人员进行人格重塑，由此提升戒毒人员拒绝毒品的自我效能感，将家庭治疗和社区戒毒、帮扶帮教相结合，在每个环节都实现无缝衔接，才能够实现从根本上戒断毒瘾。[2] 费梅苹、叶雄等提出用意义重构同伴教育服务模式干预戒毒人员。通过开展就业辅导服务、各类公益助人活动，感受真、善、美的美好体验，帮助戒毒人员做出社会贡献，实现个体的社会价值，从而实现最深和最高意义的态度价值，[3]重新建构生命意义。[4]

综述已有文献，目前对社区戒毒的研究主要包含以下两个方面：

一是对社区戒毒制度自身的研究，包括对目前社区戒毒制度的发展困境[5]

---

[1] 陈晶羽：《我国社区戒毒研究文献综述》，《法制与社会》2014年第5期，第88—90页。

[2] 韩丹：《中国戒毒理念的社会学视野——从治疗理念向康复理念的范式转换》，《福建论坛（人文社会科学版）》2015年第3期，第136—141页。

[3] 费梅苹：《意义建构：戒毒社会工作服务的实践研究——以上海社区戒毒康复服务中的同伴教育为例》，《华东理工大学学报（社会科学版）》2011年第2期，第24—29页。

[4] 叶雄、张艳：《同伴教育在社区戒毒康复中的应用》，《中国药物依赖性杂志》2009年第3期，第235—238页。

[5] 李振玉：《我国社区戒毒制度困境及对策探析》，《犯罪与改造研究》2016年第12期，第55—58页。

和对策、[1]制度的反思和改良、[2]长效机制[3]及立法完善。[4] 二是对社区戒毒服务对象干预的研究,包括社会工作的专业干预、[5]整合性干预、[6]心理干预、[7][8]艺术治疗、[9]家庭治疗[10]等。

(三) 文献评述

1. 制度空间理论与无缝衔接制度研究

无缝衔接概念由无缝和衔接组成,其核心是衔接,即从一部分连接另一部分。对这个过程的要求是尽可能紧密,其理想状态是无缝,即二者的完美结合。

无缝衔接概念最早应用于医学,是一种强调一体化的急救护理模式。[11]之后该概念扩展到禁毒领域,是指在强制隔离戒毒所和社区之间构建一种衔接机制,使之能够更好地为戒毒康复人员服务。目前一些社区戒毒康复机构对戒毒人员在强制隔离戒毒所中进行戒毒、职业培训等情况不甚了解,后续帮教难以有效地开展;强制隔离戒毒所与社区戒毒康复之间存在着法律文书传递、监督管理、回归人员帮教等衔接配合问题。随着社区戒毒康复工作的强力推进,强制隔离戒毒所与社区戒毒康复机构之间在一些地方有了某些互动、联系,但仅处于起步阶段,还有很大的提升空间。比如,社区戒毒康复机构的社会工作者应参与接出所的戒毒学员、护送复吸人员去强

---

[1] 林苇、王占洲:《社区戒毒的困境及其对策研究:以贵州省为例》,《广西警官高等专科学校学报》2016年第6期,第84—88页。

[2] 何亭苇、包涵:《福利多元主义视角下社区戒毒制度的反思和改良》,《广西警察学院学报》2018年第4期,第84—90页。

[3] 潘绥铭、侯荣庭、高培英:《信任重建与社区再融入:社区戒毒长效机制研究》,《山西师范大学学报》2014年第3期,第59—64页。

[4] 李建国:《社区戒毒制度的立法完善探析:基于〈中华人民共和国禁毒法〉的分析》,《云南警官学院学报》2018年第5期,第50—56页。

[5] 王佑宇:《社会工作专业方法应用于社区戒毒工作的探讨》,《中国药物滥用防治杂志》2017年第4期,第227—229页。

[6] 王伟、黄永祥:《社会工作介入社区戒毒实践的优势探析》,《农村经济与科技》2017年第6期,第256页。

[7] 龚定宏:《团体心理咨询在社区戒毒中的效果评价》,《上海医药》2013年第6期,第58—60页。

[8] 马洁:《从需要层次理论谈社区戒毒心理矫治技术》,《法制与社会》2015年第29期,第281—282页。

[9] 王成宇、李凡:《社区戒毒中的艺术干预心理辅导研究》,《农村经济与科技》2018年第6期,第233—235页。

[10] 贺岚:《论结构式家庭治疗在社区戒毒中的应用》,《湖南警察学院学报》2017年第3期,第66—71页。

[11] 侯连英、侯连玉、龙辉:《无缝衔接一体化急救护理模式在严重创伤病人中的应用》,《护理学报》2010年第18期,第21—23页。

制隔离戒毒所等,以进一步加强衔接配合,这不仅有利于有关情况和相关工作的交接、延续,也有利于减缓对戒毒人员的心理压力,增强他们戒毒的信心。

所谓无缝衔接,是指社会工作者提前介入到所内与戒毒康复人员建立良好的专业关系,为服务对象出所的后续工作提供一个好的开头。[1] 目前无缝衔接概念用于各个领域,[2]包括中小学教学、[3]集装箱物流、[4]急救医护、[5]社区矫正、[6]未成年矫正、[7]安置帮教、[8]教育改造、[9]精准帮扶[10]等领域。诸多领域的研究呈相对零散的状态,聚焦于禁毒领域的无缝衔接概念研究较少。

2. 从强制隔离戒毒到社区康复无缝衔接制度

前文对制度、强制隔离戒毒制度、社区戒毒康复制度分别进行了文献梳理与评析,但要形成从强制隔离戒毒到社区康复无缝衔接制度,并不仅仅是将上述几种制度糅合,而是通过衔接制度建设形成一种新型制度。综述相关文献,发现制度、空间、强制隔离戒毒制度与社区康复制度四个概念的研究并未结合在一起,处于相对割裂的分散状态,但给笔者提供了有益参考和资料:首先,为笔者的研究提供了基础性的信息,对社会空间、强制隔离戒毒、社区戒毒、无缝衔接等的相关发展历史、社会背景、问题与经验等有了初步的把握;其次,为笔者提供了基本的分析视角,文献中的不足主要体现在相关研究的不充分,各个概念之间的联系不够紧密。

在从强制隔离戒毒到社区康复无缝衔接这一过程中,从封闭的强制隔离戒毒所走向社会,环境的变化导致戒毒人员产生诸多不适应的问题,在不

---

[1] 郑烨:《论强制隔离戒毒与社区康复的"无缝衔接"——以上海市宝山区社区康复个案帮教工作为例》,《上海政法学院学报(法治论丛)》2011年第1期,第98—102页。

[2] 王民克:《让社区矫正实现无缝衔接》,《人民法院报》,2014年。

[3] 蒋国生:《初高中思想政治课无缝衔接初探》,《教学月刊(中学版)》2007年第9期,第36—37页。

[4] 瑞仕格(上海)商贸有限公司:《美国冷藏低温配送中心无缝衔接生产与配送》,《物流技术与应用》2018年第6期,第100—102页。

[5] 王磊、孟令伶:《无缝衔接式一体化护理干预对急性脑卒中血管再通患者就诊流程的优化及疗效分析》,《检验医学与临床》2018年第9期。

[6] 王东:《加强社区矫正工作配合 实现刑罚执行无缝衔接》,《人民法院报》,2017年。

[7] 刘敬娟、李新:《浅谈未成年人社区矫正无缝衔接机制——以预防失足青少年再犯罪为视角》,《山东审判》2017年第3期,第53—57页。

[8] 陈东亚:《安帮工作实施无缝衔接效果好》,《人民调解》2008年第6期,第30页。

[9] 戴迎红、张玉旺:《坚持无缝衔接实现教育改造安置帮教一体化》,《环渤海经济瞭望》2014年第12期,第73—74页。

[10] 王玮玮:《"无缝衔接"精准帮扶刑满释放人员》,《中国社会工作》2018年第15期,第53页。

同场所中戒毒人员的表现也不同,例如吸毒和强制隔离戒毒直接或间接导致了部分强戒对象离婚、患病、破财、失业、与家人反目成仇等问题。但是笔者通过对部分社区戒毒对象深度访谈后发现,社区中的服务对象与强制隔离戒毒所对象有着截然不同的表现。由于社区戒毒大多是初次吸毒或成瘾不深的对象,吸毒对他们的身体造成的伤害还不明显,表示自己"并未成瘾";此外,由于他们的保密工作比较到位,有些社区戒毒对象家人甚至没有发现他们在社区戒毒,因而没有对他们的家庭关系造成显著影响,他们也一再强调"希望居委会和社工帮助他们保密"。但从工作方面来看,就职于公立单位的戒毒对象确实受到了影响。

笔者对上述现象产生了浓厚的兴趣,为何强制隔离戒毒所中的强制对象与社区中的服务对象有着如此之大的差别?这与封闭隔离下的强制隔离戒毒所空间布局又有什么关系?从封闭空间下的强制隔离戒毒所走出,走向趋于开放的社区空间,这些服务对象又会有什么变化?在强制隔离戒毒所和社区之间应该存在一种什么样的衔接机制,使两者之间顺利递进与承接?

二、理论基础及分析框架

(一)理论基础

从强制隔离戒毒所到社区其实是一个封闭空间走向开放空间的过程,封闭的空间被打开,原有的规训方法和措施发生了变化。在不同空间中个体之间的关系也发生了变化,封闭空间的打开,不仅是打开了物理意义上的空间,同时也打开了封锁的关系。在此情景下,在空间变化的过程中如何保证对戒毒康复人员一以贯之的规训,则是本书需要寻求的理论视角。

本书拟建构制度—空间框架,整合诸理论的核心要义,对从强制隔离戒毒到社区康复进行全方位的解读。戒毒制度的变化,是一种制度变迁,在这个变迁过程中,主要体现在空间流变与规训上。

1. 制度理论

从强制隔离戒毒制度与社区康复制度二者的相对割裂到融合,可以看作微观意义上的制度变迁。那什么是制度变迁?制度变迁是指新制度的产生、更迭并对旧制度进行改变的动态过程。制度变迁是一种替代原有制度、效率更高的活动,在转换过程中,制度变迁被看作一种更有效率的制度生产过程和交换过程。

制度的结构是由一个体系构成的,这个体系由目标系统、规则系统、组织系统和设备系统四部分构成。制度的目标系统决定了制度的性质和发展方向,是其灵魂核心所在。制度的规则系统是对目标系统的操作化,是实践所需要解决的问题,为目标系统服务。制度的组织系统是对目标系统和规则系统的贯彻和执行,是作为主体系统的存在。制度的设备系统是对其组织系统的补充和完善,只有二者协力发挥作用,才能够保证制度的顺利实现。目标系统、规则系统、组织系统和设备系统四者共同构成了一个制度的内在结构。

把握住制度的内在结构后,可以来剖析制度变迁理论。制度变迁理论出现于20世纪70年代左右,其初始目标是为了解释经济增长受到长期经济史研究的影响,将制度因素纳入来解释经济增长。

制度变迁理论是一个相对复杂而全面的系统,主要分为以下五个环节:第一,通过第一行动集团的形成推动制度变迁,这是对制度变迁起主要作用的集团;第二,形成有关制度变迁的主要方案;第三,对方案进行评估和选择,在这个过程中践行制度变迁的原则;第四,形成第二行动集团推动制度变迁,这是起次要作用的集团;第五,两个集团通过一起努力完成一系列的行动来实现制度的变迁。

在制度变迁的过程中,也伴随着文化的变迁,文化本身具有相对稳定性,通常会为人的社会化提供一整套的"预设的价值标准";文化处在不断的变迁过程中,当其与标准不一致时,就会产生各部分的差距、错位与不平衡。[1] 人不能独立于其所处的特定的文化环境而存在,一切的社会问题的根源都是文化的失调。依托于文化所形成的习俗等非正式制约则伴随着制度的变迁而逐渐发生变化。

在禁毒社会工作领域,从劳教戒毒到强制隔离戒毒就是一次制度变迁。原有的劳教戒毒难以满足新情境下的戒毒需求,自上而下实现了一种强制性制度变迁,即形成了司法行政强制隔离戒毒制度。随着戒毒制度的发展,形成了强制隔离戒毒、自愿戒毒、社区戒毒和社区康复四种制度并行的局面。但这四种制度的相对独立与割裂,愈加难以满足新时代的戒毒制度需求,尤其是作为主要手段的强制隔离戒毒与社区康复之间的断裂与鸿沟,直接影响到戒毒效果。因此,形成强制隔离戒毒到社区康复无缝衔接制度,也是一种势在必行的制度变迁。与前者不同的是,这种制度雏形已经有了实践基础,全国各地形成的无缝衔接实践作为"自下而上"诱致性制度变迁的基础,正在实现制度变迁这一过程。

---

[1] 〔美〕奥格本:《社会变迁——关于文化和先天的本质》,王晓毅、陈育国译,浙江人民出版社1985年版,第144—266页。

2. 空间理论

在布迪厄的空间理论构架中,他更注重空间之中的关系,从关系主义出发,将其权力空间观表述为"场域"。① 布迪厄的关系主义为构架的空间理论,② 可以在一定程度上观察到戒毒人员在从强制隔离戒毒所走向社区的过程中,其所处空间的关系发生了何种变化。在强制隔离戒毒所这一封闭空间中,警察和工作人员有着绝对的权力,对于戒毒人员的行为要求更多的是一种强制管控,戒毒人员处于无权状态,只有服从。当戒毒人员离开强制隔离戒毒所走向社会的时候,强制隔离戒毒所内的高强度高约束的管控已然失效,戒毒人员在社区中享有一定的开放性,他们不仅接受管控,更多的是接受服务和帮助,由社会工作者为其进行服务。禁毒社会工作者在这个过程中也扮演着多种角色,从在强制隔离戒毒所中的管控大于服务,到社区康复中的服务大于管控,总是处于一个动态非均衡的过程,而依托布迪厄的关系主义导向的空间理论可以更好地思考空间从封闭走向开放时,戒毒人员有何适应不良问题,无缝衔接制度建构何以可能。

在空间中,不可避免会存在规训的情况,从强制隔离戒毒到社区康复无疑就是在不同空间中使用不同的规训技术,空间和规训是紧密结合在一起的。福柯是典型的"空间—权力"论者,③ 福柯的理论探讨了权力技术通过空间实现。强制隔离戒毒所内封闭空间的规训技术的整合,福柯将权力、规训与空间的结合,更为我们从封闭空间中的强权力规训找到了支撑的依据。在空间中的权力关系主要表现为多主体的互动,从封闭空间走向开放空间形成的强制隔离戒毒到社区康复无缝衔接制度也是在多主体互动的背景下形成的,脱胎于福柯的空间规训理论,可以更好地解释在无缝衔接制度的整个环节中各主体的互动情况以及规训技术的变化与迭代。布迪厄的空间理论以关系主义为主线贯穿,福柯的规训理论也是以权力、关系为导向进行拓展,社会工作作为一门以个体社会关系为研究对象的科学研究技术,与之有深度的契合性。在强制隔离戒毒到社区康复无缝衔接制度中,禁毒社会工作者无疑是重要的行动主体,而在这个过程中形成的封闭空间与开放空间规训技术的衔接也是在长期实践中总结和生成的理论,本书对此做了初步的探索与建构。

基于空间规训的制度变迁理论,从封闭空间走向开放空间,空间变化导

---

① 高宣扬:《布迪厄的社会理论》,同济大学出版社 2004 年版,第 139 页。
② 张广济、计亚萍:"社会空间的理论谱系与当代价值",《东北师范大学学报(哲学社会科学版)》2013 年第 3 期,第 171—175 页。
③ 包亚明:《后现代性与地理学的政治》,上海教育出版社 2001 年版,第 39 页。

致规训手段的变化，原有规训模式的效用逐渐减弱，投入产出边际效应递减，因此需要一场制度变迁。在空间转换的背景下，基于不同模式规训技术来实现一定目标而进行的制度变迁，就是本书拟建构的理论，在无缝衔接实践中总结提升，形成从强制隔离戒毒到社区康复无缝衔接制度理论，从相对独立的强制隔离戒毒制度与社区康复制度变迁成为二者无缝衔接的制度。

（二）理论分析框架

笔者在上述理论指导下界定制度空间概念，一方面，制度空间被视为一个地理意义上的实体空间，在强制隔离戒毒到社区康复的过程中存在着一个无缝衔接与梯度衔接的空间，在这个实践空间下形成了实体制度空间；另一方面，制度空间非实体的部分，制度空间可以视作制度的运行场域和施加影响的范围及作用主体，因此制度空间在这个层面的含义主要是制度主体，即制度的行为主体。

从制度空间理论分析范式的缘起来看，可以追溯到发展型国家理论。对中国的研究中比较重要的两个研究视角分别是发展型国家理论和威权主义理论。威权主义理论认为政策制度变动是统治者回应统治集团内部和公众利益诉求的结果，国家治理在某种程度上都契合了威权主义理论的假设。然而，在中国的特殊国情下，不仅有威权主义的特征，同时更具有"发展型国家理论"的要素。国家的自主性、国家对社会的嵌入性被认为是发展型国家取得成功的关键。政策制度以及法律的改变，不仅是为了应对公众和统治集团内部的利益诉求，更多的是追求国家的整体利益。中国现代法治体系的构建，就体现了为市场经济服务的特征。因此，从宏观视角来看，政策制度尤其是法律的出台，要纳入是否对国家整体利益有利这一宏观层面才能更好地理解，国家在不同阶段筛选的政策制度内容成为这一阶段的重点。发展型国家理论提供了宏观的制度空间，然而宏观的政策导向依然需要国家机构落实。[1] 任何可称之为"模式"的制度化实践，多半是在比较意义上被概念化的，[2]无论是无缝衔接实践、无缝衔接模式与无缝衔接制度，其本质上都是同一个概念范式，只不过在层级上有所深化。

1. 分析框架

本书从制度空间的理论视角，分析了从无缝衔接实践到无缝衔接制度

---

[1] 章高荣：《制度空间、组织竞争和精英决策：一个议程设置的动态分析视角》，《中国行政管理》2020 年第 9 期，第 72—79 页。

[2] 黄明涛：《具体合宪性审查的必要性及其制度空间》，《比较法研究》2020 年第 5 期，第 132—146 页。

与模式的生产机制,通过其明显的制度空间化与空间制度化的双重循环演变逻辑,可以看出制度通过物质空间的组合与表达,实现制度由社会性存在向空间性存在的转化,推动其空间解构与重构,从而形塑出新的空间。经由制度形塑的空间则通过其自身特性与其潜在的价值引导产生新的制度安排,激发制度变迁与制度扩散。无缝衔接制度经历了强制隔离戒毒制度与社区康复制度的互渗与整合,实现其制度变迁以及空间的发展,这是一个典型的制度安排与空间生产的循环交替过程。在制度的空间化过程中,空间规划要在无缝衔接实践中做好调整与安排;在空间的制度化过程中,要根据不同的空间特征进行精细化的制度安排,引导并形塑新的制度与空间。[1]

受到制度学派和制度经济学的启发,制度作用下空间演化与重构、制度驱动空间治理机制等受到学界关注。[2][3][4] 为建立"制度—空间"分析框架,"制度化""制度厚度""制度空间"等相关概念被相继提出,学者们指出通过制度化的过程,形成制度厚度优势,[5]创建制度空间。[6] 制度空间可被视为在制度设计之初按照某种价值理念所设定的制度的影响范围和能力,即制度变化与重新配置中实现发展的空间过程。

无缝衔接制度空间的生成与建设,其本质上是一种空间生产。列斐伏尔提出了"空间实践、空间的表征和表征的空间"三重空间生产理论框架,[7]哈维提出基本逻辑的城市空间生产理论体系,[8]福柯提出生产性空间生产、[9]工具性空间生产[10]和空间合理性这三种维度上的通过权力逻辑衍生的

---

[1] 欧阳东、朱喜钢、张强、赵四东:《制度空间化与空间制度化:边境型自由贸易试验区规划实践与思考》,《规划师》2020年第9期,第41—49页。
[2] 吕拉昌、魏也华:《新经济地理学中的制度转向与区域发展》,《经济地理》2005年第4期,第437—441页。
[3] 魏成、陈烈:《制度厚实、制度空间与区域发展》,《人文地理》2009年第2期,第67—72页。
[4] 晁恒、李贵才、王砾:《制度空间下国家级新区空间重构过程与机制—以重庆两江新区为例》,《城市发展研究》2018年第6期,第46—54页。
[5] 陈有真、段龙龙:《经济地理学的制度转向:弹性生产空间与制度厚度》,《天府新论》2014年第2期,第70—74页。
[6] 孟令择、徐朝辉:《制度化的思考》,《西北民族大学学报(哲学社会科学版)》2005年第3期,第5—8页。
[7] 韩勇、余斌、朱媛媛:《英美国家关于列斐伏尔空间生产理论的新近研究进展及启示》,《经济地理》2016年第7期,第19—26、37页。
[8] 高峰:《城市空间生产的运作逻辑——基于新马克思主义空间理论的分析》,《学习与探索》2010年第1期,第9—14页。
[9] 张梧:《资本空间化与空间资本化》,《中国人民大学学报》2017年第1期,第62—70页。
[10] 王丰龙、刘云刚:《空间生产再考:从哈维到福柯》,《地理科学》2013年第11期。

微观空间中的空间生产理论。① 由此形成了从空间生产到权力生产的一系列流程,②形成了比较完善的"空间—权力"的空间生产理论体系。③

社会关系作为列斐伏尔空间生产的内核,权力和资本又分别构成了福柯和哈维的空间生产体系的关键内核。社会空间视域下的制度具有权力属性,是社会关系的一种,也可看作一种特殊的资本。在既有的空间生产的理论体系中,制度和文化等要素一起被视作资本、权力、社会关系中的后台角色。

制度作为一种被制定出来的规则,旨在约束追求主体福利或者效用最大化的个人行为,由正式制度和非正式制度及其执行机制组成。制度通过直接界定空间行为边界来形塑空间,这个过程被称为制度空间化。空间本身兼具自然与社会的属性,制度又是社会的关键因素。特定的空间也会激发相关的制度,通过对空间潜在或显在价值的判定,从空间价值最大化出发,制定出相关的制度,这种基于空间特性引发的制度安排与变迁的过程,被称为空间制度化。

制度空间化是制度由社会性存在转变为空间存在的过程,将自己映射入空间,形塑空间。制度空间化主要表现为制度对不同行为主体空间的边界界定、空间内部行为的活动引导和功能限定。在强制隔离戒毒到社区康复无缝衔接制度中,规划规则限定了所内分区与所外社区以及不同空间对应的活动强度与内容,形塑出其对应制度的空间特征与价值,如封闭隔离价值与开放合作价值等。不同制度安排产生了不同的空间,新的制度必须构建新的空间,以此来适应新的物质空间和社会空间的再生产。制度安排和变迁必然导致空间的分化,产生制度空间化的情况,并且伴随着空间的解构与重构,根据制度的生产逻辑与过程重新进行空间排列组合与联结,构建出新的空间结构与形态。

空间制度化是由空间激发出的制度变迁,通过空间解构与重构的手段来实现制度的生产和再生产。空间制度化是以空间作为容器,制度在空间中衍生、联结与整合创新,引导新的制度安排。空间制度化以制度作为核心的驱动力,推动同类的空间开发利用方式及其结构组成模式。空间制度化作为制度空间化的逆向循环,通过空间规则设计、空间结构组织等使得空间从物质存在转化为社会存在,利用空间创新和演化来激发制度建构、创新和变迁。

---

① 林青:《空间生产的双重逻辑及其批判》,《哲学研究》2016年第9期,第29—34页。
② 杨浩、张京祥:《土地财政驱动城市空间生产的机制与效应研究——以南京河西新城为例》,《国际城市规划》2018年第1期,第68—74页。
③ 王勇、李广斌、施雯:《苏州城市空间生产特征与机制——兼论苏州城市空间结构演化》,《现代城市研究》2015年第11期,第125—130页。

制度安排与空间生产是一种循环变迁的过程,制度空间中弥漫制度,空间不仅被制度支持,还生产制度和被制度生产。制度空间化和空间制度化是一个制度安排与空间生产互动循环的过程,具体表现为:现有的空间是之前制度化的作用结果,也是未来制度化的起点。制度空间生产过程以制度逻辑为主导,兼容权力逻辑。制度变迁导致承载制度的空间重构。在不同的阶段和背景下,不同制度的空间运行机制具有显著的差异,使得每一类的制度空间表达形态各异。空间不仅是制度生产的产物,而且是制度生产的载体,空间结构从其实质上来看是制度结构的表征。本书在制度空间的理论指导下,分析已有的无缝衔接实践中空间与主体之间的关联,并进一步提出相关制度建构。

2. 研究思路

本书以制度空间理论为指导,整合制度变迁理论、空间理论进行分析。首先分析从封闭的强制隔离戒毒所到开放的社区康复过程中呈现出的断隔与冲突的衔接困境;其次将强制隔离戒毒到社区康复无缝衔接制度分为制度空间与制度主体两个部分进行分析;最后提出无缝衔接的制度重构。研究框架如图2-1所示。

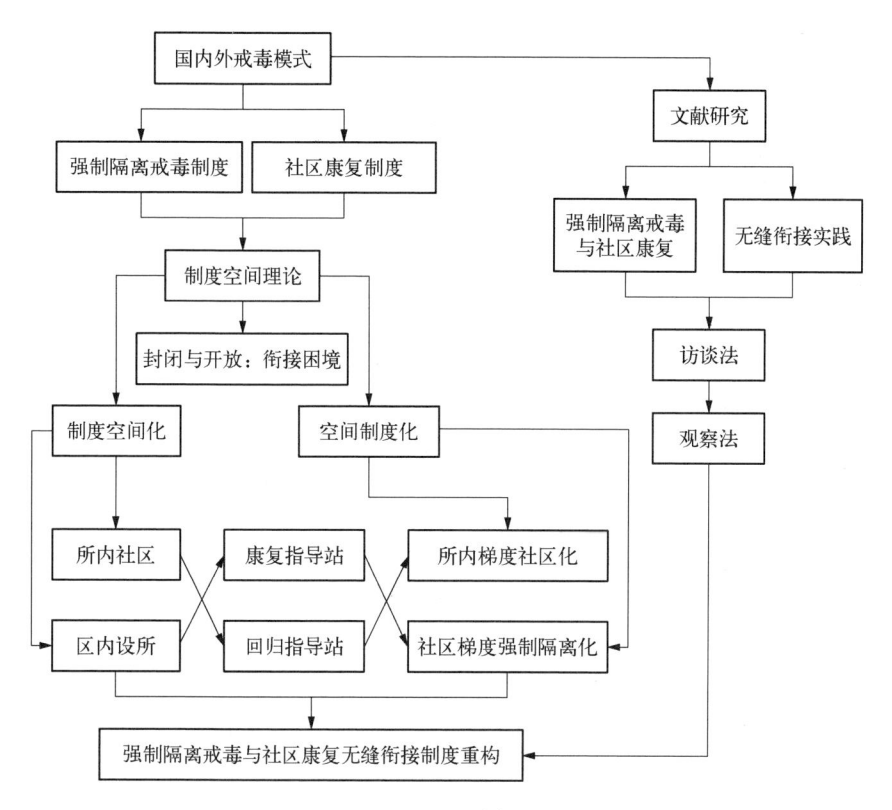

图2-1 研究框架

第三章　断隔与冲突：强制隔离戒毒与社区康复的制度衔接困境

戒毒人员从强制隔离戒毒所进入社区是一个从封闭空间走向开放空间的过程，这个过程会因为两个场所内部设置截然不同而产生冲突。在强制隔离戒毒所中，戒毒人员处在一个封闭的空间中，在这个环境中的空间设置和制度设置都具备一定的封闭性，并且形成了封闭空间的规训模式。在社区中，戒毒人员处在一个相对开放的空间中，社区内部形成的空间设置和制度设置具有一定的开放性，与封闭空间中的规训方式截然相反。由此，从封闭到开放的空间转换下容易产生冲突，形成制度衔接的困境。

一、封闭空间下的强制隔离戒毒制度

封闭空间下的强制隔离戒毒制度包括封闭空间的构成和封闭空间中的制度设置两部分。空间构成部分从强制隔离戒毒所的空间构成、构筑缘起和规训方式来探寻强制隔离戒毒所的封闭空间特征及发展概况，分析其作用和意义；封闭空间的制度设置则从制度安排和人员安排两个部分来展开叙述。

（一）封闭空间的构成

强制隔离戒毒所作为一种封闭空间，是仿照监狱设施设立的一个场所。从建筑布局构造到内部人员分布与管理上均与现代西方监狱有着不可分割的联系。这里描述强制隔离戒毒所的建筑设计空间布局，分析强制隔离戒毒所的空间布局与结构功能。

1. 强制隔离戒毒所的空间构成

进入强制隔离戒毒所，要经过三道大门（以笔者实地调研的上海市某戒毒所为例，各地功能分区略有不同，但整体空间布局原则相似）。第一道是外墙大门，高墙将整个强制隔离戒毒所与外界分隔开。第二道大门是进入办公区域的门，进门后左手边的一小块区域是办公区，包括行政管理区和备勤保障区等。第三道大门是进入戒毒管理区的大门，这是三道门中最严格的大门。笔者在调研中,进入这道门之前,需要在门口进行安检,手机等电子设备不允许带入其中。这是个被封锁严密的封闭空间,戒毒人员在其中接受治疗和康复,并在其中习艺、劳作与生活。三道大门共同构成了一个与外界隔绝的封闭空间,使戒毒人员与毒品隔绝。存在一个封闭空间,给这个封闭的空间打孔,意味着赋予它生命和呼吸,即一座建筑的诞生。封闭空间是静止的,它与世界没有任何交集,边界是绝对强大的,所以人们构想出了各种各样的门。① 通过在强制隔离戒毒所设置的三道大门,闭合后与外部空间环境相隔,构成了封闭的空间。

从三道大门的空间设置来看,三道大门的封闭性在逐渐增强。进入第一道大门,来到强制隔离戒毒所的外部场地,包括道路绿化等,这个空间的封闭性相对较弱,这是外部人员入所后可以自由活动的区域。进入第二道大门的办公区域后,整个空间的封闭性略有提升,整体的空间氛围略显严肃。这个区域内包含警察用房的办公区、学习训练区和备勤区等一些行政性业务区域。进入第三道大门后,整个空间的封闭性骤然上升,第三道门内的区域,形成了一个与外界隔绝的完全封闭的区域。这个区域中包括强制隔离戒毒人员用房及其活动场所等,强制隔离戒毒人员用房包括居住区、医务区、生产劳动区及餐厅等;强制隔离戒毒人员活动场所业务区包括收戒收治区、管理区、教育矫正区、帮教区、职业技能培训区及会议室等,还有部分其他附属设备用房,共同构成了封闭空间中的设施。鲍曼在流动的现代性中提到,这是个封闭的、严禁进入的堡垒。② 在基于三道大门形成的这个封闭空间,构成了这个封闭且严禁进入的堡垒——强制隔离戒毒所。

在强制隔离戒毒所的空间建筑中,重要的一环是安全防范措施。列斐伏尔在他的著作《空间与政治》中曾提到,建筑师,作为空间的生产者之一,在一个特定的空间内进行操作。在封闭空间的生产中,建筑师的设计无疑是具有极大决定作用的。③ 在建筑安排中,特别注重与封闭空间的安全性相结合。除了严格的隔离,在理性的结构框架下,建筑与强制隔离戒毒所的性质相契合,将自然景观与建筑功能布局相配合实现视野开阔的目标,建筑设计适合强制隔离戒毒所所需要的氛围,体现自身性质和特点的同时,也与环境相协调。诸多安全设施,共同构成了封闭空间下的强制隔离戒毒所的空间设置。

---

① 〔日〕原广司:《空间——从功能到形态》,张伦译,江苏科技出版社2017年版,第109页。
② 〔英〕齐格蒙特·鲍曼:《流动的现代性》,欧阳景根译,中国人民大学出版社2018年版,第169—170页。
③ 〔法〕亨利·列斐伏尔:《空间与政治》,李春译,上海人民出版社2015年版,第9页。

2. 强制隔离戒毒所的建筑缘起

强制隔离戒毒所的建筑空间布局,体现了其封闭性和隔离性,而这种封闭的空间建筑布局无疑与现代西方监狱制度有着紧密的联系。在历朝历代的特殊历史时期,人们所建造的诸如城墙、围墙、长城等封闭空间往往以财富、地位为基础。[①] 早期西方的监狱来源于修道院和疯人院。随着人道主义在现代社会的发展,西方的行刑理念与监狱设置均有了很大的变化。"教育刑"被提出后,现代科技手段的进步也为其提供了保障,某些国家甚至主张开放式或社区化的监狱建筑模式,使服刑人员不会产生被社会隔绝的心态,使之在服刑结束后更容易回归社会。由此,在西方国家出现了一些诸如社区监狱、私人监狱、电子虚拟监狱等模式。封闭式监狱对建筑的密闭性要求较高,从外观上就塑造出一种森严肃穆的气氛,明确表达对犯人的隔绝态度。开放式监狱在建筑结构上的要求较为宽松,给犯人们相对轻松的监管氛围。当然,这种开放是存在一定限度的,相对于正常的社会生活。从终极意义上来看,所有的监狱都是封闭式的,监区内形成相对独立的自循环系统。社区型监狱为开放式,类似于正常社会生活的小社区。

无论监狱的格局是何种形式,其基本任务都是警戒与安保,不同类型的监狱的安保级别也有不同:最低级别的安保,没有设岗看守,周围的围墙也仅是防止公众随意出入,牢房多数为敞开式的,寝室并不是完全被监视,有一定的私密性。中等级别的安保,允许犯人在监控范围内最大限度自由行动,在多重栅栏的周边控制中间缓冲地带,犯人可以有较大的自由活动空间,监控设施等会扩展到外墙、门窗等区域,但区域内的犯人有一定的自由,这种安保模式是目前较为普遍采用的一种模式。最高级别的安保是通过牢房单元和周边栅栏系统进行监视和监控。外部有电子感应系统,内部设有管道,采用传统内置式牢房布局,空间设计上要求管理人员能够随时观察到所有的犯人活动区,以便对其进行最彻底的监管与控制。

3. 强制隔离戒毒所的规训方法

将戒毒人员与外界分隔开,这种封闭的管理环境也为戒毒人员提供了良好的戒毒环境,使他们能在一定程度上免受外界的干扰和诱惑。由于强制隔离戒毒所的特殊性,在进行建筑设计时要充分考虑其整体的封闭性、相对的开放性以及相关的社会化要求。在建筑设计时,应充分考虑建筑物的用途和目的,综合协调考量。在整体设计上,应选择交通便利、市政设施完善、可以充分利用社会医疗帮教资源的场所。环境上应保证日照充足与通

[①] 陈忠:《空间与城市哲学研究》,上海社会科学院出版社2017年版,第51页。

风良好,根据职能要求分区。在进行布局与规划时,首先要考虑的是"强制性与封闭性",同时要有相对宽松的自由活动空间,在一定的区域内实现半开放式管理。以"总体封闭,端口开放"为原则,设置集中活动空间场所,便于强制隔离戒毒人员进行集中活动和日常锻炼。在各个单元、排列范围划定和分隔中,看到了一种惩罚性的空间化布局,这种带有规训性质的空间布局,是西方建筑师精心设计的。①

以监狱为蓝本的强制隔离戒毒所从建筑空间上来看,进行了地理区域的隔断,并且在区域之间进行了一定程度的控制。在监狱的外部形象与空间象征意义中,监狱所带有的功能是惩罚、矫正、导向、整合等,由此,便要求监狱空间将上述功能有所体现。在监狱的建筑形式上,要强化警戒和守备的功能。当代监狱会在一定程度上通过优化对监狱社区化的布置,使犯人对正常社会秩序不至于有太多疏离感,在心理和社会关系上可以回归社会。在此种状态下的监狱宛如花园,通过外部设计及绿植做成庭院式布局,内部空间虽然出于安保的缘故尽量少开窗,但大面积的顶窗使整体室内环境营造出一种轻松宁静的气氛,脱离了传统监狱恐怖阴森的感觉。

强制隔离戒毒所的空间建筑构造借鉴于西方监狱的建筑设计,在同样密闭的空间内,实行着相似的规训技术。从外部建筑来看,庄重肃穆的建筑物构成了一个密闭的空间,在封闭空间内,所内工作人员对强制隔离戒毒人员的管控形成了日常工作的常态。在强制隔离戒毒所内,对戒毒人员进行分类管理,依据不同的风险等级,实行不同的规训技术,从完全封闭到一定程度的开放,都是对戒毒人员的管控方式。在强制隔离戒毒所内实现的封闭空间规训技术使得所内的戒毒人员能够遵守规则制度便于管理,但在一定程度上,对强制隔离戒毒人员也造成了负面影响。

(二) 封闭空间中制度设置

1. 强制隔离戒毒所内制度安排

在强制隔离戒毒所中,根据戒毒场所的建筑要求,整个场地被划分为两大区域,分别是办公区(行政管理区)和戒毒管理区。在戒毒管理区内又分设收戒医疗区、康复教育区、常规矫治区和回归适应区四个功能分区。这四个分区也是戒毒人员进入强制隔离戒毒所后必须经历的过程。新收戒的戒毒人员首先会进入收戒医疗区进行强制戒毒和药物治疗;然后会进入康复教育区进行身体机能的恢复和心理状态的调适;康复完成后进入常规戒治区进行日常生活和劳作;最后在戒治期即将完成时,进入回归适应区进行回

---

① 潘可礼:《社会空间论》,中央编译出版社2013年版,第67页。

归社会前的适应。

针对所内的不同空间,有着不同的制度设置和安排。2011年9月28日公安部根据《禁毒法》和《戒毒条例》的相关规定,发布实施的文件为强制隔离戒毒所内的制度安排提供了依据,①戒毒人员从入所开始,到在所内接受医疗、教育、康复和管理等,直到出所,有着一整套的制度流程和安排。

在入所环节中,强制隔离戒毒所依据《强制隔离决定书》来接收戒毒人员,在接收时要进行健康检查,确认其是否有伤病以及确认女性戒毒人员是否怀孕,并且填写《戒毒人员健康检查表》。在为戒毒人员办理入所手续时,要填写《戒毒人员入所登记表》,并将该人员信息录入全国禁毒信息管理系统中,及时进行更新和维护。在戒毒人员入所时,要核实其身份信息并对其进行随身物品检查,只可带入生活必需品。经历这一系列流程后,戒毒人员进入强制隔离戒毒所这一封闭空间中,在封闭的空间中接受着制度的规训。

在所内环节中,将开展戒毒人员的管理、教育、医疗和康复等活动。对戒毒人员的管理应根据戒毒人员的性别、年龄、吸毒种类等进行空间设置,分别进行收戒管理。在戒毒人员新入所时,对其进行不少于15天的过渡管理,并且在其入所24小时以内进行谈话和心理疏导,引导其适应新的环境。建立所内探访制度,允许戒毒人员的亲属和单位等相关人员在遵守探访规定的前提下进行探访。在戒毒人员的饮食方面,严格制定相关标准,保证其饮食卫生以及饮食质量。在所内建立统一的生活制度,设定行为规范,依据其表现进行奖惩。强制隔离戒毒所实行人员统一着装,并设置监控录像,对所内进行封闭管理。进行定期安全检查,设置突发事件应急预案,建立24小时巡视制度。关于所内奖惩制度,《公安机关强制隔离戒毒所管理办法》第36条有详细规定。②

《公安机关强制隔离戒毒所管理办法》第37条和第38条分别规定:对于强制隔离戒毒人员发生逃脱的,应立即报告并追回,被追回的应继续执行强制隔离戒毒并不得提前解除;对戒毒人员在强制隔离戒毒期间死亡的,应

---

① 《公安机关强制隔离戒毒所管理办法》涵盖:总则、设置、入所、管理、医疗、教育、康复、出所和附则共计9章73条。
② 有下列情形之一的戒毒人员,应当根据不同情节分别给予警告、训诫、责令具结悔过或者禁闭;构成犯罪的,依法追究刑事责任:
(一)违反戒毒人员行为规范、不遵守强制隔离戒毒所纪律,经教育不改正的;
(二)私藏或者吸食、注射毒品,隐匿违禁物品的;
(三)欺侮、殴打、虐待其他戒毒人员,占用他人财物等侵犯他人权利的;
(四)交流吸毒信息、传授犯罪方法或者教唆他人违法犯罪的;
(五)预谋或者实施自杀、脱逃、行凶的。

立即报告上级机关并通知其家属,展开死亡原因排查后,告知其家属原因,并依据国家规定做好善后处理。

在强制隔离戒毒所内的医疗方面,根据国家的相关规定,依据戒毒人员使用毒品的种类和成瘾程度建立个人病历,并进行有针对性的生理治疗,同时辅之以心理治疗和康复训练。在强制隔离戒毒所内的医护人员实行24小时值班并定期查房的制度,以便随时掌握戒毒人员的身体状况,并进行及时的治疗。建立卫生防疫制度,为戒毒人员提供沐浴和理发等服务,进行相关区域定期消毒,以免发生传染疫情情况。

在教育方面,强制隔离戒毒所内设置谈话教育室、娱乐活动室、心理咨询室和技能培训室。建立所内民警与戒毒人员的定期谈话制度,熟悉戒毒人员的基本情况,包括其吸毒经历、思想动态和社会关系等。在强制隔离戒毒所内开展法治教育、禁毒宣传和疾病预防等主题教育活动。对于戒毒人员的教育采取集中授课、个别帮教、亲友谈话等方式进行,强制隔离戒毒所也可邀请相关专家、社会工作者及戒毒成功的人员共同开展教育工作。动员戒毒人员期满后进入戒毒康复场所,并积极联系劳动保障等部门为戒毒人员提供技术文化培训。在康复方面,强制隔离戒毒所要组织戒毒人员进行体能训练,原则上每天不少于2小时的室外活动,同时以多种形式对戒毒人员实行心理康复训练,并根据需要组织戒毒人员参加劳动。

在出所环节,对于需要转交到司法行政强制隔离戒毒所继续执行的人员,公安机关应当向司法行政部门办理移交手续。对于外地人员,如果其户籍所在地强制隔离戒毒所同意接收,可以变更执行场所将其交付户籍地强制隔离戒毒所执行并办理移交手续。强制隔离戒毒所应建立戒毒诊断评估小组,根据相关规定对戒毒人员的戒毒康复表现和社会适应情况作出综合评估,根据不同情况进行相关处理,并妥善保存戒毒人员的档案。

2. 强制隔离戒毒所内人员安排

在强制隔离戒毒所内的制度安排下,涉及的人员主要有戒毒人员和管理人员。强制隔离戒毒所中的戒毒人员由于在所内封闭的空间内被规训,他们不仅在物理空间上体现为身体的隔绝,同时他们的心理以及社会关系也处于断绝的状态。强制隔离戒毒所中的戒毒人员作为被管理的主体对象,表现出在封闭空间内身体的隔断、关系的隔绝及心理边界的禁锢等特征。在强制隔离戒毒所内的戒毒人员要经历一个脱瘾的过程,所有的戒毒人员脱瘾都要分为三个步骤:首先是生理脱瘾,完成之后进行心理脱瘾,最后是回归社会。生理脱瘾大概平均需要2—3个星期来完成。生理脱瘾可以使用药物替代,简单停药就可以解决,但心理脱瘾则比生理脱瘾复杂得多,在心理脱瘾的过程中,无论何种药物成瘾都会产生一定程度的心理依赖。在一定的言语刺激下,戒毒人员会产生强烈的寻找药物的行为,语言刺激即可唤醒毒瘾,如刚完成生理脱瘾的戒毒人员在听到周围有人谈论吸毒的快感时,即使没有遇到实物,也会产生强烈的需求感;在戒毒人员遇到环境刺激时,也会产生强烈的毒品需求,在对曾经吸毒的场景"故地重游"时,会产生不可抑制的"心瘾";特定的物品也会让戒毒人员产生强烈的复吸欲望,面对注射针头、白色粉状物、香烟等物品时,会引发强烈的寻觅药物的行为,若是遇到昔日"毒友"更是会激发强烈的心瘾。心理脱瘾是一个长期的乃至终身性的行为,是大脑被药物刺激发生器质性病变造成的。只有明晰大脑神经的传导过程以及药物对大脑的作用,才能起到戒除心瘾的效果。由于心瘾是一个长期的过程,在实践中,禁毒社会工作者会通过一些方式一步步去了解戒毒人员的状态,对其进行服务和管控。笔者在浙江对禁毒社会工作者的访谈佐证了这一点:

> 他过来之后对你的工作不是很配合,困难肯定是有的。主要注意事项就是避开他的这些问题,我们不是直接就跟他谈戒毒工作,而是从侧面先聊天,嘘寒问暖,问他情况怎么样。从侧面慢慢了解他的情况之后,他也能更好地接纳我们,我们能更好地开展戒毒工作。他从戒毒所过来,刚到我们这儿的时候,就是通过这种方式开始沟通。(2019HZSG01)

如上所述,心理脱瘾会一直伴随着整个戒毒康复过程,出所后禁毒社会工作者长期致力于与戒毒人员建立关系,助其戒除心瘾。而在所内进行强制心理脱瘾就是对心理边界的隔绝,隔绝的关系与隔绝的心理形成对戒瘾的基本封闭环境,从而使在封闭空间内的群体适应这个空间内的种种规训手段,形成一定程度上的封闭空间内的行为规范。

强制戒毒所内的工作人员是由原来的劳教人民警察转型而来,[①]其职务、身份、待遇等方面基本没发生变化,只是其管理对象由部分劳动教养人员混合大部分戒毒人员转换为单一的强制隔离戒毒人员。在强制隔离戒毒所内,警察对所内的戒毒人员采用严格管控的方式来进行管理,为了维持所内的秩序以及工作的正常运转,强制隔离戒毒所内的警察会要求所内戒毒人员遵守规定,这是封闭空间内的基本规训要求。这种封闭空间

---

① 曾健生、刘发生:《司法警察类高职院校办学定位的思考》,《教育与职业》2012年第9期,第38—39页。

的规训要求,在一定时候也会延续到戒毒人员出所之前,从其入所到出所,都是一整套的系统化操作流程,正如笔者在调研中对浙江禁毒社会工作者的访谈:

> 我们的系统上有一个预出所干预。举个例子来说,10月15日他要出所了,可能在10月10日或者10月5日系统就会给我们预警,我们看到预警信息之后就会配合民警。因为我们是戒毒专干,我们的权力是有限的,我们没有执法权,但会配合民警做好戒毒所的戒毒工作。(2019HZSG02)

正如禁毒社工所言,出所后的戒毒人员接受没有执法权的禁毒社会工作者的服务与管控,与在所内的时候不同,状态发生了较大的变化,失去了在所内的强制管理下的强隔离性,进而可能导致出现一定程度的不适应。强制隔离戒毒所是以监狱为蓝本进行建造的,其管理人员配置也按照监狱的模式进行,工作人员对戒毒人员进行管理,在保证他们安全、防止脱失的同时,辅助他们进行生理脱毒,这是一个痛苦而严厉的过程。在强制隔离戒毒所内,将空间封闭,断绝他们对外的交流,并规范作息,保证戒毒人员在规定的时段内完成规定的任务。这一过程中强制隔离戒毒所内的民警多是处于管控者与规则维护者的角色,保证戒毒人员能遵守各项规定,对其使用的规训手段较为严厉,多为命令式的规则条文,服务属性被压缩到归零边缘。强制隔离戒毒所内的工作人员在高强度的工作压力下以及封闭的工作环境下,对戒毒人员实行较为严厉的戒毒管理及规训,强制隔离戒毒所内的工作人员是封闭空间内规训技术的践行者。

驻所社工是强制隔离戒毒所内另一股重要的力量,协助所内工作人员对戒毒人员进行管控和服务,作为维持所内基本秩序运行的重要力量。从社会工作专业本身的性质来看,社会工作就是以个体社会关系为对象,遵循助人自助的概念,①运用多元方法,达至人与社会和谐的社会技术。② 所内社会工作者就是这一社会技术的践行者,满足戒毒人员的需要,解决其问题,达至个体与社会的和谐。

---

① 张昱:《社会工作:促进个体和谐发展的社会技术》,《西北师范大学学报(社会科学版)》2008年第1期,第26—28页。
② 张昱:《社会工作:由个体自身和谐通向社会和谐的桥梁》,《河北学刊》2007年第3期,第71—73页。

二、开放空间下的社区康复制度

与强制隔离戒毒所不同的是,接受社区戒毒或社区康复的戒毒人员所处的空间环境趋于开放,从封闭的强制隔离戒毒所走向社区,戒毒人员处在开放抑或半开放的空间环境中,从强管控的状态走向相对宽松的状态。

(一) 开放空间的构成

开放空间的构成在社区康复的范畴内是指社区的空间构成。戒毒人员从强制隔离戒毒所内出来、走向社区时,就是在走向逐渐开放的空间。社区空间内的封闭性不足,不能再像强制隔离戒毒所一样对戒毒人员进行强有力的封闭规训,社区这一趋于开放的空间对戒毒人员的管控相对弱化。以下将简述作为开放空间的社区的构成以及这一空间内的社区康复制度的发展状态。

1. 社区的空间构成

在探寻社区的空间构成时,首先要追溯什么是社区,其起源和发展如何。社区一词来源于拉丁语,1881年德国社会学家滕尼斯首先把社区一词应用于社会学,是在滕尼斯的《共同体与社会》中。此后该概念被广泛应用。滕尼斯认为传统社会是一个"共同体",其英文表述为"community"。[①] 在中国的研究实践中,社区一般是指聚集在一定地域范围内的具有共同生活习性的社会群体和社会组织,是根据一整套的制度或者规范所结合而形成的社会实体,是一个地域生活共同体。在本书中,笔者将社区理解为地理意义上的社区,在实践中具象为街道居委会、村委会等基层社区。

社区是社会管理与社会治理的基本单元,在城市社区的发展中,作为社会力量的社区社会组织参与社会治理逐渐成为一种趋势。此时社区空间并非仅仅是纯地理学意义上的物理空间,还是包括独立于政府和市场之外的公众广泛参与的公共空间、与强制隔离戒毒所相对的空间。社区空间不仅包括地理区域,也包括整个区域内的群体和关系。作为社会基本载体的社区,是由具有共同目标和共同利害关系的人组成的团体,也可以是区域内共同生活的人群组成的。除此之外,社区还有一种存在方式被称为虚拟社区,虽然不在物理意义上接近,却超越了地理区域,促进群体心理的连接。在戒毒康复过程中,以网络空间为基础衍生的虚拟空间社区也构成了戒毒人员活动的重要场域空间。

[①] 高进、刘航:《滕尼斯共同体思想:渊源、主旨与反思》,《社会科学动态》2023年第11期,第12—17页。

社区的空间构成中,除了物理意义上的实体空间,也包括社区中的群体等。社区的产生与发展也逐渐衍生出了社区工作。从字面界定来看,社区工作是受薪人员从事的工作,协助居民认识和解决社区中遇到的问题,达成集体共识产生对策,并采取集体行动解决问题。在这个过程中会形成一系列的任务目标以及一定的伦理守则,作为群体的共同操守。

2. 社区康复制度与开放空间规训模式

在开放空间的社区中,生成了社区康复制度。社区康复最早应用于医学领域,社区康复是世界卫生组织在1976年提出的为残疾人提供康复途径的构想,中国在1986年正式开始社区康复的研究,经过多年的探索,已形成全方位、多领域的社区康复体系。①

禁毒社会工作领域的社区康复是指戒毒人员完成生理脱毒后,对其身体和心理进行持续康复的过程。《禁毒法》设置的戒毒康复模式分为两种:自愿康复、社区康复。社区康复适用于强制隔离戒毒所出所人员,由公安机关决定,戒断人员在社区内进行康复。被解除强制隔离戒毒的对象在回到社区后,如果能正常进行社区康复程序,获得支持与帮助,那他复吸的可能性会大大降低。社区康复的期限为3年,参照社区戒毒的模式对康复人员进行管理和监督。《禁毒法》实施后,社区康复模式逐渐被使用,适用于解除强制隔离戒毒人员。

纵观其发展历程,主要分为三个发展阶段:第一阶段,在《禁毒法》实施之前,属于初始萌芽阶段,此阶段以探索为主,并未形成大规模的推广和经验,依靠行政推动设立康复中心。第二阶段在2008—2015年,是立法推进阶段,从《禁毒法》实施后,到2011年《戒毒条例》的出台,明确规定了社区戒毒康复的主管部门、组织机构、工作职责与权利义务等。第三阶段是2016年至今的全面实施阶段。2015年12月15日,公安部等十一部委联合下发了《关于印发〈全国社区戒毒社区康复工作规划(2016—2020年)〉的通知》,促使社区康复工作全面推进实施,戒毒效果初显。

社区康复制度作为强制隔离戒毒制度的后续照管环节,在戒毒人员从强制隔离戒毒所内封闭的空间走向所外开放的空间时,会面临着与以往不同的挑战,在社区这一开放的空间中,群体的特点与强制隔离戒毒所这一封闭空间中的群体也有所不同。

(二)开放空间中制度设置

在开放空间下活动的群体与封闭空间中群体的行为方式有着显著的不

---

① 吴春容、高文柱、赵悌尊:《与社区卫生服务相结合的社区康复模式》,《中国康复理论与实践》2000年第6期,第123—126页。

同,各有其自身的特点。在社区康复制度下的群体包括社区中的戒毒人员、社区内的社会工作者以及社区内的其他行动者。

1. 社区内的戒毒人员特征

刚从强制隔离戒毒所出来的康复人员多伴随着生理上的痛苦、心理上的不适、社会功能失调、家庭危机、毒友圈的诱惑、社会不接纳等不良体验、压力及生活保障缺失等问题。然后,他们进入了社区康复流程,正如浙江某禁毒社会工作者所言:

> 他们自己会拿着决定书来报到。如果系统上没有报到信息,戒毒所也会跟他们说应该去哪里报到。他会自己带着康复决定书主动过来找我们,说明自己从哪个强制隔离戒毒所过来的,需要做社区康复还是社区戒毒。通过决定书了解他的情况后,再开展我们的工作。之后给他建立档案,整个档案从第一页到最后一页都会登记,边了解他的情况边登记,包括他家里面的人现在是做什么样的工作,有几口人,有没有孩子,结没结婚,现在是一个什么样的状态,都会了解。(2019HZSG01)

正如禁毒社会工作者所言,戒毒人员在进入社区康复环节时,是带着诸多问题主动进入这一流程的,此时他们在生理、心理和社会等方面面临着诸多的问题和困难。

(1) 从其生理上的痛苦来看,吸食毒品被强制隔离戒断后,对身体造成的伤害依然存在,如身体机能受损,记忆力下降且容易感到疲倦,身体抵抗力和恢复能力下降。即使戒断后,毒瘾的生理反应会长期存在,毒瘾偶尔发作时就易失去正常意识,发生不理智行为,而依靠戒毒康复人员个体去克服相关行为或冲动,几乎是不可能完成的艰巨任务。

(2) 从其心理上的障碍来看,他们普遍有自卑感强烈、自我价值感较低等问题。进入强制隔离戒毒所直到出所,都没有稳定收入,基本生活来源都是靠家人。并且因为吸毒被强戒,觉得自己对家庭无用,自我价值感极低。存在一定程度的社交恐惧,因为吸毒,认为自己是一个废人,要去找工作也会觉得没人愿意要自己,周围邻居知道自己吸毒的经历后,也会对自己有排斥、歧视或害怕,并且会受到周围人的闲言碎语的困扰,对社交愈加恐惧。还会有着过高的自我防卫机制且情绪管理能力弱,因为害怕与人交流被人嫌弃,导致喜欢待在家中,不愿意向他人表达自己。主观能动性较弱,遇到问题和困难不会积极主动去处理,只是消极逃避,解决问题的动力匮乏。

（3）社会功能失调。经历强制隔离戒毒过程后，与社会严重脱节，出所后难以适应社会的发展，较难融入社会，又大多缺乏就业的知识和技能，多处于失业状态。长期使用毒品造成身体素质差、记忆力下降、专注力低下及防卫心理强等生理、心理机能的损害，对就业造成一定的阻碍。

（4）家庭危机与毒友圈。一方面，由于吸毒被强制隔离戒毒导致家庭危机。如离婚率较高、家庭经济困难、亲子关系紧张等。另一方面，由于毒友圈的存在，有着复吸的风险。从强制隔离戒毒所出来后，总会遇到一些困难挫折及不顺心的事，感到烦恼就容易找以前的朋友去喝酒发泄，在脆弱无助的时候容易造成复吸。戒毒过程的反复性以及与毒友圈的纠缠不清导致家庭成员的耐心持续下降，家庭支持减弱，直至家庭关系的破裂，失去支持后回归毒友圈并复吸，形成了一个恶性循环。

（5）社会舆论压力与生活保障不足。一方面，由于惯常对毒品教育的宣传与解读多采用负面和警示性话语，戒毒人员处于舆论的对立面被排斥、边缘化明显，公众对毒品处于畏惧状态，身边人会因其存在吸毒史而采取躲避、冷漠或疏离等态度，这也是造成复吸的重要原因。另一方面，他人在背后议论也会对家人造成一定的影响，家人承受较大的心理压力，也会间接传导到戒毒康复者本人身上，提高了其复吸的可能性。不仅如此，戒毒人员被认为是坏人，如若发生任何包括盗窃等违反社会治安的行为，都会被首先怀疑，进一步瓦解其社会支持体系。社会舆论的低评级也造成戒毒人员的生活福利保障制度难以享受，戒毒人员居住环境差、生活拮据，却因吸毒史而导致居委会不愿意为其申请低保，同时也丧失资源使用权，集体红利分享权会被剥夺。人身自由受限严重，身份证、驾驶证等难以正常使用，身份证多次自动报警，影响其恢复常态生活。社会舆论为戒毒人员贴上了负面标签导致其各种资源的丧失，社区康复模式为戒毒人员提供了一定程度的自由。

2. 社区内的社会工作者

社区内的社会工作者是为戒毒人员进行管控和提供服务的群体。作为社会工作者，在强制隔离戒毒所内的社会工作者与社区内的社会工作者有着显著的不同。[1] 从理论上来讲，在社区内的社会工作者的服务属性略大于管控属性，这也是这个群体的基本特征之一；但现实中调研发现，在很多地方的禁毒社会工作者都被称作禁毒专干，其工作性质仍然是以管控为主。笔者在浙江调研访谈中，对禁毒社会工作者，也就是当地的禁毒专干，进行

---

[1] 黄洪基、田保传：《体制创新与禁毒工作的社会化——关于上海禁毒社会工作制度的思考》，《上海大学学报（社会科学版）》2006年第4期，第128—131页。

了访谈,他们如是说:

> 社会工作这个词比较专业一点,禁毒专干这个词说的是专干。比起社工来说,我们的性质说白了和社工还是有区别的。现在我们的工作就是对戒毒人员管控,但各方面的专业知识没有那么专业化,还存在一些问题。(2019HZSG04)

社区内禁毒社会工作者的专业服务流程,包括接案、预估、计划、介入、评估、结案等步骤,在接到案主的基本资料之后,各自建档,签订协议,并将违反后果告知。但现实中,他们大多非科班出身,在面对具体工作中的复杂问题时会有一些力不从心,对于专业知识的学习有一定的需求。正如访谈中所言:

> 我们都没有学过心理专业的课程,其实在学校应该有个辅修,辅修心理这门课能更了解戒毒人员的心理。由于这方面的知识比较欠缺,所以导致我们和戒毒人员在沟通方面可能存在一定的问题。当然普遍来讲还是可以的,但是对于那种思想特别抵触的、不配合工作的人员,我们的工作就可能有点困难,在其他方面还是可以的。(2019HZSG04)

通过对戒毒人员进行基本的鉴别之后,根据其成瘾程度划分等级,决定是否送去门诊治疗。在日常工作中还要进行家访、谈心等环节,对服务对象的家庭、居委及周边环境等进行了解,对服务对象有一个基础全面的了解,从而去探寻戒毒对象的吸毒原因和戒毒意愿及其支持系统的情况,签订协议并建立专业关系后,协助服务对象正确认识毒品的危害以及这一事件的违法性,确立其基本意识。通过心理测评等手段运用量表分析并收集相关资料发现问题做出分析。但是在如何运用这些方法上,通过对禁毒社会工作者的访谈发现依然存在一些问题:

> 在工作方法上,我觉得我们还是要多学习,感觉现在已经到了一个瓶颈,就是没有想到以后怎么去发展。找一个师傅来带,一方面教专业方面的知识,另一方面帮你心理疏导。(2019HZSG03)

正如访谈所言,禁毒社会工作者在实际工作中需要学习专业的内容,同时在日常的工作中需要与服务对象一起寻找方法解决问题,把需要的内容设定成相关的目标进行分类,包含总目标、分目标;需要将所有的资源进行整合,比如完成一些康复辅导、定期尿检等行政性任务和开展一些小组活动、社区活动等专业性工作,以及定期家访与其家属进行联系。在整个介入过程中,要对特殊的个案进行记录,对于整个过程要进行评估,并且对结果进行评估;对于戒毒的整体状况也要进行汇总,对于那些完成3年认定戒断工作的服务对象,后期要注意巩固他们的戒断成果,恢复他们的社会功能,将成功的经验进行总结提炼,与期满仍然保持操守的服务对象进行交流,鼓励他们继续保持操守,并继续跟进相关人员,包括居委会及民警、其家人等进行情况的了解、阶段性的回访,以便巩固整体成果。对于在服务过程中有任何的内容和方式的疑惑,先与民警进行沟通,然后再与服务对象签订相关的协议。

建立专业关系后,进行个案处理与相关走访,对服务对象的生活环境进行剖析,分析其吸毒的原因并找到合理的路径,对戒毒人员的非理性信念进行辨认,并且对服务对象讲明在戒毒康复期间应该遵守的规范和应尽的义务,将戒毒人员的家庭和派出所等资源作为其支持系统,并且对其进行整体性的支持系统构建。与此同时,对理论和宣传进行加强,提高服务对象的认知和抵御能力。同时对其周边相关帮教资源进行整合分析,进行观察与管控。在实际调研中,笔者对禁毒社会工作者进行了访谈,他们的自我反馈认为自身的工作流程具备一定的专业性:

> 我们的流程还是比较专业的,在出所前禁毒专干会进入强制隔离戒毒所进行出所的干预。在这些戒毒人员出所那天,再把他接到我们的社区戒毒,太远的话我们就打电话联系一下,总之会想办法衔接一下。不像以前,他们被放出来我们也不知道,他们也不知道要来报到。我们会提前一个月告诉他们,出来之后要来我们这里报到。来我们这里执行社区康复,要按社区康复的工作流程,一直到解除。管控的方面倒是挺完善的,主要是在我们跟他们的交流这方面,我们专业知识比较欠缺。(2019HZSG05)

在访谈中发现,他们要求严格执行已有的提前介入、出所必接、生活援助、就业帮扶、情绪疏导、家庭支持修复、同伴教育辅导、协助尿检、协助解除、协助申报戒断认定、定期回访等。对于社区康复的对象每半年要进行一次阶段性评估,3年内做好访谈家访等工作。通过相关教育引导服务对象树立正确的人生观、价值观、生命观等,同时带领他们学习国家有关禁毒的政策法规,增强其法治观念,充分认识到毒品对其个人与家庭的危害,引导其进行生命意义重构,树立生活的信心。

3. 社区内的其他行动者

社区内的其他行动者是除了戒毒人员、社会工作者等的其他角色,包括社区民警、社区内其他工作人员、志愿者、社区居民等,这些人员共同构成了社区这一开放空间下对戒毒人员进行规训的支持性网络。

要实现无缝衔接与梯度融合,在社区内的社区康复环节是其重要的一环。在社区建立社区康复工作体系。其主要做法是建立相关社会组织,由社会组织招聘社会工作者,同时整合其他社会志愿者力量,在相关部门的指导下为戒毒人员提供服务。在访谈中发现,禁毒社会工作者在戒毒人员的康复过程中,发挥长期关怀的作用,不仅提醒其保持操守,同时还关注其生计生存等问题:

> 建档入册之后,我们跟社区联系,走访社区,了解他平时家里的收入情况,然后也走访邻居。具体了解他这边近期情况怎么样?家庭关系怎么样?将走访的内容入档。如果说他还有什么需求,让家属提出来,或他个人提出来,我们会衡量一下,帮助他解决。现在问题是有的工作确实是很难找,他们想找的工作,但那工作基本上都要无犯罪记录的人,他很适合这个工作,但就是这个条件限制他。(2019HZSG06)

社区民警及公安应及时掌握辖区内戒毒人员的数目等基本情况,并对相关的戒毒人员下决定书,积极配合社区落实相关戒毒措施。根据禁毒社会工作者的定期尿检情况对辖区内的戒毒人员进行动态管控。对于拒绝接受社区戒毒、康复的戒毒人员,依法将其送去强制隔离戒毒所。

对于社区内医务工作人员而言,除按规定对戒毒人员进行尿检并上报其情况之外,要时刻关注戒毒人员的身体健康状况,对戒毒人员进行针对性的训练,助其早日戒除毒瘾、回归社会。

社区街道等保障部门应对生活困难的戒毒人员进行帮扶救助,同时为解决其就业难题,协助其展开职业技能培训,提高其谋生能力。[①] 从物质帮扶方面来看,为其提供就业保障金,并为其联络合适的工作岗位,以适应时代的潮流,并鼓励其自主创业。为他们申请低保等福利,将其纳入社会保障

---

① 王宏玉、曹虹:《我国限制人身自由人员未成年子女救助模式研究——以福建省教育援助协会为视角》,《中国人民公安大学学报(社会科学版)》2018年第5期,第19—28页。

的范畴中。

社区周边教育资源应对戒毒人员子女敞开,为他们的学习提供机会之门,使其免于遭受各种歧视。为服务对象建立相对完善的保障与服务体系,保证其在管控的区间内能享受到较好的服务。

三、断崖式分割:强制隔离戒毒制度与社区康复制度的衔接冲突

前文概述的封闭空间下的强制隔离戒毒所和开放空间下的社区,两者几乎属于截然不同的两个世界,前者具备封闭性、强管控性、隔离性、惩戒性等负向强化规训技术;后者则具备一定的开放性、服务性、福利性等一系列特征,致力于进行优势视角下的正向强化。截然不同的两个空间环境会造成在两个环境之间转换的戒毒人员的强烈不适,从强制隔离戒毒所走向社区,脱离了严格而规律的管控隔离生活,回到社会无所适从,会产生社会适应不良等问题,进而造成高复吸率,造成管控与服务的效果断崖式下跌。这不仅是空间转换下的冲突,更是在强制隔离戒毒与社区康复两种制度下的衔接冲突。

(一)阻断与隔离:强制隔离戒毒的制度属性

关于强制隔离戒毒的制度属性,笔者经过3个月的实地调研,发现在强制隔离戒毒所的背景下,阻断和隔离是其第一属性,在隔离的基础上进行惩戒,是其核心要义。

1. 阻断:强制隔离戒毒制度的生成根源

强制隔离戒毒制度的第一要义就是阻断。从字面意义上解释,强制隔离,就是将戒毒人员与毒品隔离,对其以往生活圈的阻断,通过高墙大院三道门禁的强制隔离戒毒所将戒毒人员阻断于毒品社会之外,为他们提供一个全新的、封闭的、无毒的、清澈的环境。

将戒毒人员送入强制隔离戒毒所这个封闭隔离的空间,不仅阻断了其与毒品的接触,也阻断了其与外界的联系。借用布迪厄的场域理论来看,就是将戒毒人员置于一个封闭阻断的"隔离戒毒场"中,会形成一整套的行为规范,只有符合和遵守才能够获得认同,整个"隔离戒毒场"被场所中的民警等工作人员主导,对进入场中的戒毒人员进行封闭管理。整个场所空间中的封闭是其基本属性,借助封闭、阻断、隔离,让他们逐渐脱离现实世界,形成一种相对独立的状态。大部分成功戒断的人都是通过这种阻断隔离的场完成的,但当他们成功戒断后,脱离这个封闭隔离的阻断场,会产生回归真实世界的种种不适。这种矛盾极为清晰地呈现,究其根源就是封闭隔离场中的行为习惯和开放自由环境中的不同,要探寻两者之间的差异,首先要探

寻阻断与隔离的本质。

阻断含义是指由于阻止而中断某事、某行为的进展或进程。对于戒毒人员来说，阻断就是对其吸毒行为的阻止，中断其吸毒进程。阻断的进一步动作就是隔离，从字面上看，隔离是指断绝接触和断绝往来。将戒毒人员进行隔离治疗，断绝了其与毒品的接触，也断绝了其与戒毒人员的往来，这都是起正面积极的作用。当然，与此同时，也产生了一定的负面效果，就是在进行上述阻断隔离的同时，也阻断了戒毒人员原有的社会关系，以及其他支持要素，使其陷入孤立无援的状态。

因此，强制隔离戒毒制度就是将戒毒人员与毒品社会进行阻断隔离，将其置入封闭隔离场中，切断原有的关系和链接，对其进行规范化管理，以便进行下一步规训。

2. 惩戒：强制隔离制度的发展现实

阻断与隔离之后，在隔离后的封闭空间内，对戒毒人员进行的是规训，封闭空间下的规训技术多以惩戒为主，尤其是在生理脱毒期间，更是凸显了封闭空间下规训技术的强惩戒属性，以管控为主的强制隔离戒毒制度就成为惩戒的现实实施场域。对戒毒人员进行阻断与隔离后，下一步就是进行规训，从福柯的《规训与惩罚》一书中可以看出，规训是一种强制的措施，其主要的属性是以惩戒为主，尤其是强制隔离戒毒所内这一封闭空间场域中的规训技术，其惩戒性彰显无遗。[1]

自从将戒毒人员定义为违法者、受害者、病人三重身份之后，针对戒毒人员的"违法者"身份有对应的惩戒行为。强制隔离戒毒所内的生活主要是仿照监狱的模式，对戒毒人员的违法者身份进行惩戒和规训。在对戒毒人员的惩戒过程中，为什么说强制隔离戒毒实质上是一种规训与惩戒的手段？

（1）进行强制隔离戒毒是对戒毒人员的身体上的规训，将其限制在一定的空间内，对其自由进行限制，断绝其与外界的往来，以往的毒友圈被断绝，与亲朋好友的连接被断绝，与毒品的接触被断绝。戒毒人员的自由被限制，其关系被断绝，与社会脱节，其本质就是一种限制与惩戒。

（2）对戒毒人员进行生理脱毒，让其从生理上摆脱毒品，这个过程是漫长且痛苦的，将惯有的行为剔除是一个抽丝剥茧的过程。在这个过程中，戒毒人员会遭受身体上的痛苦，毒瘾发作时痛不欲生，但是被强制限制不可接触毒品，这是对戒毒人员的规训与惩戒，也是对戒毒人员过往吸毒经历戒断依赖的身体上的惩罚。

---

[1] 张之沧：《论福柯的"规训与惩罚"》，《江苏社会科学》2004年第4期，第25—30页。

(3) 对戒毒人员的分队分组管理,以及对其进行教育矫正,是对其过往错误认知和思想的一种惩罚。每天的思想汇报相当于思想重塑的过程,思想重塑本身就是对过往的一种惩戒,其意味着否定过往的思想,主动或被动地接受新思想。接受新思想在一定程度上就意味着对旧思想的扬弃,在这里就是对以往吸食毒品的思想的否定和惩罚,重塑新思想。

(4) 在强制隔离戒毒的过程中,戒毒人员会在一定程度上被贴上负面的标签,虽然我们会避免给服务对象贴标签,但在强制隔离戒毒所内,这是不可避免的。首先,他们的吸毒行为本身就是一种错误的、负面的行为,被送入强制隔离戒毒所内也是一种负面的事件。在所有人看来,他们此时都是一个负面的状态,难免会被认为是消极的、不好的、不为人所接受的,于是他们在所内就形成了诸如上述的负面标签。

在强制隔离戒毒所内对戒毒人员进行身体上的规训、自由的限制、思想上的重塑、负面印象的管理,因此从整体上来看,强制隔离戒毒所内的处遇实质上是一种惩戒。

(二) 开放与合作:社区康复制度的制度属性

与强制隔离戒毒所这一封闭空间下的严厉规训手段不同,社区内没有了阻断与隔离的功效,其开放性得到了进一步提升,原有封闭空间的瓦解也导致原有的规训手段已经不合时宜,需要生成新的规训手段,开放空间的规训手段较少地涉及惩戒性,而是更多地凸显其福利性,以合作的手段推进。

1. 开放:封闭空间的瓦解

作为开放空间的社区,首先要承接在原有空间封闭状态下的居所内人员的生活阻碍以及其心理封闭造成的阻碍。于是在开放空间的第一步,就是使原有封闭空间自动瓦解。封闭空间瓦解后,原有的一切规则手段都成为历史,新的规则手段尚未生成。

与强制隔离戒毒所内不同,社区的重要属性就是开放。走向社区之后原有的封闭空间处于瓦解的状态,那么为什么社区具有开放的属性?

(1) 与强制隔离戒毒所这一封闭的空间不同,社区内没有严格的边界限制人员的出入,社区的概念是"一个聚集一定数量人口在一定范围的地域形成的生活共同体"。[①] 在一定的边界中,地域的组成呈现相对开放的状态,任何人都可以无条件进出,未曾设置出入限制。作为地理意义上的社区,没有严格的边界限制;作为共同体意义上的社区也处于开放状态。

---

① 肖林:《"'社区'研究"与"社区研究"——近年来我国城市社区研究述评》,《社会学研究》2011年第4期,第185—208、246页。

(2) 社区康复对戒毒人员的限制相对较小,不像在强制隔离戒毒所内,每天做什么事情都被严格地规定,戒毒人员被限制在所内没有多少自由,时间都不属于自己,每天像在监狱中一样,根据规定的时间按部就班地完成每天的任务,不具有自主性。而在社区中,除了社区康复要求的定期尿检,定时参与各项活动和任务,其他时间戒毒人员都是自由的,他们可以在社区内自由正常生活,整个社会空间对他们来说是一种开放的状态。

(3) 在社区康复的过程中,由于在强制隔离戒毒所内已经完成了生理脱毒的过程,戒毒人员在社区内并不需要进行生理脱毒,身体上没有了那种脱毒戒断的痛苦,社区康复中对于身体的规训没什么要求,身体是可以自由掌控的,他们的身体在社区中没有枷锁,也是开放和自由的。

(4) 在社区康复时,戒毒人员的社会关系处于维持和重建的状态,不像在强制隔离戒毒所内戒毒人员被要求与社会断绝联系,他们的社会关系被强制隔离戒毒所的高墙所隔绝,与外界的联系也被阻断。在社区康复中,戒毒人员与亲友的正常交流毫无障碍,其基本社交也可以得到满足,社会支持体系重构,整个社会的关系对他们来说是开放的,不存在阻隔和隔断。

2. 合作:社区康复的空间生成

在社区这一开放场域中,合作成为开放空间下社区康复制度规训技术生成的主线。在合作的视野下进行开放空间的技术规训,也是社区康复制度空间生成的基础。

在强制隔离戒毒所内,多是戒毒民警等工作人员对戒毒人员的管控,让他们能够遵守所内的规矩,根据要求行事;而在社区内,这种高强度的管控逐渐发生变化,成为一种辅助手段,从管控转向服务,是社会工作者在强制隔离戒毒所内与社区内不同的身份转换。

社区康复作为一种康复空间,主要体现在以下几方面。

(1) 戒毒人员与戒毒民警的合作。从强制隔离戒毒所内出来后,戒毒人员接触的第一个对象就是戒毒民警,出所必接是戒毒民警将戒毒人员带入社区之中,带领戒毒人员签订协议。在日常的社区戒毒过程中,由社区民警为戒毒人员进行定期尿检以及其他工作,戒毒人员在社区内是归戒毒民警管辖与管控,二者相互配合完成整个社区康复过程。

(2) 戒毒人员与社会工作者的合作。从强制隔离戒毒所内出来后,社会工作者对戒毒人员的处理模式从重管控逐步走向重服务。在服务的过程中,禁毒社会工作者就是与戒毒人员通力合作,为他们提供所需的服务,共同平安度过社区康复期。

(3) 戒毒人员与社区居民的合作。生活在同一社区内,戒毒人员要定期去社区尿检等,参加各种活动,不可避免地会对社区的居民有一定的影响。二者和平共处的模式才有利于戒毒人员更好地戒断和保持操守,通过这种合作让戒毒人员对社区有着认同感和归属感,以促进其融入。

(4)社区内整个社会支持体系的多方力量共同互动合作,对整个戒毒人员的社会支持体系进行巩固和加强。社区中的社区民警、社会工作者、社区居民、志愿者与其他工作人员,与戒毒人员和谐相处,促进其改善,各部门通力合作、互动协调,建立强大的社会支持网络。

(三)断崖式下跌:从隔离到开放的冲突

从封闭空间走向开放空间,必然伴随着变化,而这一变化则导致了戒毒效果的断崖式下降,戒毒人员能保持操守的比例大大下降。从隔离的封闭空间转向开放空间的冲突造成了高复吸率。两种制度下的冲突也需要一定的衔接机制来进行弥合,以填充二者之间的断裂与沟壑。

1. 冲突

从封闭空间走向开放空间,总是伴随着冲突。而这一冲突主要体现为封闭与开放的冲突。在两者基本属性截然相反的状态下,存在着冲突。首先,从空间的属性和角度来看,封闭空间与开放空间有着极大的不同,从封闭走向开放,空间属性本身有着制约作用;其次,从制度属性来看,强制隔离制度与社区康复制度也存在着衔接冲突;最后,从戒毒人员个体来看,在不同场域受到的规训与影响也不同,其适应程度也不同。

(1)从空间属性上来看,表现为封闭与开放的空间边界不同、空间中隐匿因素不同、空间中的通达便利度不同和空间中的监控能力不同。在空间边界方面,强制隔离戒毒所这一封闭空间有着明确的边界,三道大门将戒毒人员限制在一定的区域内,不得自由出入;而在社区这一趋于开放的空间内,没有明显的边界,大家可以自由出入,畅通无阻。明晰的边界限制出入与无边界自由出入,本身就形成了一种冲突,并且社区处于几乎开放的状态,难以感知空间权属的约束感,难以产生空间归属约束。在空间通达便利条件方面,在封闭的强制隔离戒毒所内,戒毒人员被全方位管理,没有什么自由的空间,他们的活动区域局限于一处;而在社区内,戒毒人员可到任何一处地方,自由自在,被局限得少,易通达性好。在空间的监控能力方面,在强制隔离戒毒所这一封闭空间内,仿照监狱的全景敞视主义,戒毒人员被全方位无死角监控;[1]而在社区内,只有在某个特定的时间和地点,戒毒人员

---

[1] 张一兵:《资本主义:全景敞视主义的治安—规训社会——福柯〈规训与惩罚〉解读》,《中国高校社会科学》2013年第7期,第20—29、154—155页。

才被监控,二者的强度也不同,所以在强制隔离戒毒所内,戒毒人员更倾向于遵守规定而避免被惩罚,而在社区内,即使藏匿毒品,被发现的可能性也会降低,会导致其有复吸倾向。

(2)从制度层面上来看,强制隔离戒毒制度是前端制度,负责戒毒人员的强制戒断。社区康复制度属于这个戒毒流程环节的后端制度,负责效果的巩固和康复。强制隔离戒毒制度是以强制和惩戒为导向的制度模式,其惩罚性与司法强制性是其基本特征,作为一种惩戒性的制度模式;社区康复是一种福利性的制度,是对强制隔离戒毒之后的群体进行一定的巩固和维系,保证其戒断效果并促进其融入社会。从制度属性上,两种制度之间就存在着冲突。

(3)从戒毒人员的个体维度上看,在强制隔离戒毒所这一封闭空间与社区这一开放空间中的要求也不同,其社会适应程度也不同。在强制隔离戒毒所内,戒毒人员完全与社会隔离,其个体心理与交往模式都是处于封闭的状态,在封闭的空间场域中,对戒毒人员行为的要求是能够遵守规定即可,在强制隔离戒毒所内唯一的行为要求就是戒毒,与毒品隔断,其他的可以不进行要求;而在社区中,社区康复要求戒毒人员进行戒断之后,不仅要保持操守,同时也要将过往断裂的关系重塑,改变在强制隔离戒毒所内封闭的过往,开启新的生活,适应社会的生活模式。两个不同场域对戒毒人员的要求也不同,从戒毒人员个体维度来看,这本来就存在着冲突。

2. 弥合

冲突产生之后的重要做法就是进行化解,冲突化解之后,促进两种制度进行弥合。在冲突产生后,会追问:空间转换的冲突来自何方?最核心的冲突是什么?他的社会适应如何?角色适应如何?然后需要探讨的是一整套包含身份冲突化解、对制度构建的建议及关于社会工作者应对策略的机制。因此,应该构建两种制度的无缝衔接机制,以弥合两者之间的冲突。在封闭的空间内增加其开放性,在开放的空间内增加其封闭性。

通过环境设计预防犯罪是环境犯罪心理学的重要分支。同理,通过环境设计预防复吸,也可借鉴上述方式。以美国的监狱制度为例,其轻型罪犯所在的监狱是有一定的开放性的,在强制隔离戒毒所中也应有相关的设施。在具体戒毒操作层面上,可以效仿高端养老院模式,对戒毒人员进行正强化,实现一定意义上的无痛戒毒。

如何进行冲突的弥合?

(1)增强强制隔离戒毒所内的开放性,将强制隔离戒毒所内完全封闭的空间打开,在其中划定出一块半开放的区域,形成一个半开放半封闭的空间。

（2）增强社区的封闭性，将原本完全开放的社区收缩，划定出一个有一定限制的半封闭空间，如此使两者在同一水平度上。

（3）在半开放空间与半封闭之间进行有机对接，如此则形成了真正意义上的无缝衔接。

下文将提出梯度融合和有机对接的构想，在强制隔离戒毒所内建立社区，在社区内建立"康复站"实行从封闭空间到开放空间的良好过渡与无缝衔接，在两种不同的戒毒措施内部进行制度构建，即一方面增强强制隔离戒毒制度的社会性，另一方面增强社区康复的隔离性，找到两者之间的平衡点，从而实现强制隔离戒毒制度与社区康复真正意义上的无缝衔接。

第四章　所内社区：强制隔离戒毒制度的梯度社区化

所内社区是指在强制隔离戒毒所内划定出一个空间,将即将出所的戒毒人员放置于这个空间中。这个空间中的封闭性降低,开放性上升,有别于强制隔离戒毒所内的封闭空间。在这个所内社区中,形成一个强制梯度逐渐递减的空间,以实现强制隔离戒毒制度与社区康复制度的梯度融合与有机对接。依托于已有的实践,在强制隔离戒毒所内进行功能分区,在社区内进行功能分区,最后形成"所社"梯度互融,在两者之间进行无缝对接,形成制度建设。一方面是在强制隔离戒毒所内建立"回归指导站",另一方面是在社区内建立"社区康复站",最后在二者之间形成一个过渡衔接的状态。本章聚焦无缝衔接制度的所内社区环节,通过建立所内社区,实现强制隔离戒毒制度的梯度社区化。

一、人本与融合：所内梯度融合的价值内核

（一）以人为本：所内梯度的价值核心

所内社区建设一直秉持"以人为本"这一价值主线,即在提升强制隔离戒毒所开放性的同时,注重人文关怀。在实现所内强制梯度递减的同时,不忘记尊重人性为本的理念价值,尊重个体自身的意义感,这影响着人的生存和发展。这种人文关怀主要体现在通过教育的手段,让戒毒人员生理、心理、社会等多个维度的需求得到满足,同时使其实现自我发展和自我突破,实现个性化以及全面发展。以戒毒人员的生命价值为工作核心,通过教育矫治使其得以回归社会,重塑其作为违法者的认知,注重其作为受害者的关怀,培养其积极向上的心理素质,最大限度地挖掘其潜力。促使戒毒人员实现美好生活与幸福人生的综合发展。

在强制隔离戒毒所内梯度社区化的过程中,通过多种方式对戒毒人员进行矫治,使其思想转变,重塑其信心和决心,铸就坚实的思想防线,以期逐步戒断毒瘾、恢复身心健康,拓展社交圈子和就业领域,逐渐恢复社会功能,

成为一个自食其力的合格守法公民。在所内实施梯度社区化的过程中,通过软性的措施对戒毒人员进行关怀,促进其思想和态度的转变,增强其戒毒信心,使其不仅从生理上戒断毒瘾,同时通过增强其信心和提升意志力,使其心瘾无处遁形。在对戒毒人员进行教育规训的同时,要注重提升其法治观念,促使其遵纪守法,明晰法律界限,知其可为与不可为,树立正确的价值观念和劳动就业观念,为出所回归社会做好准备,将强制隔离梯度社区化后达至与社区梯度强制隔离化后的同一梯度,为进一步社区康复及融入社会奠定基础。

在秉持核心价值理念的同时,注重戒毒人员的尊严和价值,主要体现在所内梯度社区化过程的教育目标和实践上。注重对戒毒人员的理解与关注,要求从事教育的戒毒警察针对不同类型的群体进行差异化策略调整,根据戒毒人员的不同身份进行戒毒教育的多重设定。基于戒毒人员违法者身份,设定认知重塑及重新社会化的目标;基于戒毒人员的受害者身份,设定权益保障及关怀的目标;基于戒毒人员病人的身份,设定毒瘾戒断及康复治疗的目标。针对不同的分区特征采取不同的戒断方法,将人本主义的核心理念价值贯穿其中。在整个过程中还要注重对戒毒人员的主体精神和主体意识的培养,改变其过往在戒毒康复中的客体地位和被动地位,激发起戒毒人员自我发展与救赎的内生动力,充分发挥其主观能动性实现"我被戒毒"到"我要戒毒"的转向。在人文理性的关怀下,秉持核心价值,实现所内梯度社区化的转变。

(二) 所内梯度融合初探

在强制隔离戒毒所的所内梯度社区化环节中,要注重与社区梯度强制隔离化的融合与对接。强制隔离戒毒所应当积极主动与所外的社会组织、志愿者协会、各区的就业促进中心、社区戒毒康复工作站等建立联系,建立所内和所外的联动机制。笔者的实践调研和访谈发现,在实践中的就业安置存在着重重困难:

> 就业安置其实是很困难的,首先有一部分戒毒人员是不需要的,还有嫌工资待遇低的,有人说身体不行,时间上的安排不合适……有些工作甚至安排到夜班,他们就更不愿意做了。(2019HZSG03)

> 像这批人不可能去做社区给他介绍的那几类工作,类似社区保安、保洁等。但是街道有些招聘会通知他们去参加,看看有没有合适的。有些单位会查无犯罪记录证明,这个证明一打印出来,他们就没机会了。我觉得这对他们是不公平的,他们真的是想好好工作,但就是因为

有前科,导致没有机会。(2019HZSG06)

基于上述困境,强制隔离戒毒所不仅要在所内对戒毒人员进行就业指导、思想观念培训、心理辅导、身体康复运动、家庭困难帮助、就业招聘等内容指导,而且要关注他们出所后的后续照管和"再社会化"问题。[①] 这些内容的规定,又使得禁毒工作者时时关注其服务对象的状态:

> 例如我现在工作上负责的一个人,在五星级酒店上班。前两天他跟我说,因为马上过年了,可能到年终的时候酒店会把员工的信息采集一下,他担心会不会因为这样而丢了工作。这是我们没有办法解决的。他没有办法安下心来工作,时时刻刻担心会丢了这份工作,又很在意这份工作。而我们又没有办法解决这个问题。(2019HZSG07)
>
> 以前有一些人,在大药店里只能做最底层的保安。那时候治安管得比较紧,查到他有前科所以就没了工作。一下子丢了工作,情绪是很低落的,我们要经过很长时间才慢慢帮助他把情绪调整过来。(2019HZSG07)

正如访谈中所言,从强制隔离戒毒所出所后的戒毒人员在衔接帮扶上存在着一系列的问题,在秉持着人本与融合的价值内核的同时,要注重对戒毒人员衔接帮扶的持续性。由于衔接帮扶具有长期性,为了更好地提升效果,并释放禁毒社会工作的人力资源,要学会充分利用新技术建立智慧回归小屋和回归大数据平台对回归社会的戒毒人员进行为期一年的跟踪回访和延伸帮扶,真正实现强制隔离戒毒和社区康复的无缝衔接,巩固康复成效。

二、回归指导站:半开放空间中的无缝衔接制度

这里的核心内容是要明晰如何在强制隔离戒毒所内建立社区。在强制隔离戒毒所内建社区,主要分为三个步骤:首先,从空间上对强制隔离戒毒所进行分期分区;其次,从空间关系维度对戒毒人员进行分类管理;最后,在强制隔离戒毒所内建立一个小社区,形成初步具备社区功能的出所衔接必备环节。强制隔离戒毒所内的安排应包括居所社工、出所前培训、提前介入等环节。除此之外,在出所后应安排出所必接、同伴教育并发挥家庭关怀的

[①] 李子洋、马志强、刘果瑞、刘伟、程晓宇:《本土化团体治疗对强制隔离戒毒的研究进展》,《中国全科医学》2019年第2期,第128—135页。

作用。在封闭空间中的强制隔离戒毒所的无缝衔接制度主要体现在提升封闭空间的开放性,应充分发挥居所社工的作用,做好出所前的培训。在封闭空间内的无缝衔接制度主要是强制隔离戒毒所的所内设置,包括所内的分期分区和开放空间构想。

(一)分期分区:强制隔离戒毒所内社区实践

分期分区的雏形最早来源于强制隔离戒毒所中的戒毒实践,在不断总结发展中逐步形成分期分区的模型。遵循戒毒工作客观规律,结合毒品成瘾矫治学原理,将戒毒期限分为生理脱毒期、身心康复期和回归适应期,在场所对应划分生理脱毒区、康复教育区、常规戒护区和出所适应区四个功能区进行综合戒治,推进戒毒工作专业化建设,实现分期管理的各项目标任务。[1]

分期的理念最早来自江苏省的"分期型"模式,江苏省总结经验提出"三期三评一延伸"的强制隔离戒毒模式。将三期划分为脱毒治疗期、康复矫治期、回归适应期,在不同的阶段开展不同的任务。脱毒治疗期主要帮助戒毒人员戒断对毒品的依赖,使其逐步恢复体能,在生理脱毒的基础上进行规范性训练等活动;康复矫治期强化戒毒人员的戒毒动机,增强信心并恢复其家庭关系。通过个案矫治、认知纠正、习艺劳动和职业技能教育等方式进行;回归适应期主要是巩固前两个阶段的效果,帮助其构建积极健康的生活模式,形成社会支持系统,增强回归适应能力。2018年司法部印发《关于建立全国统一司法行政戒毒工作基本模式的意见》,建立了全国统一的戒毒工作基本模式。在全国的统一戒毒工作基本模式确立后,上海市也形成了分期分区的核心主轴与整体架构。从制度体系的整体架构上来看,"五个一体化"为核心的整体架构,形成期区流转一体化、部门协同一体化、戒治手段一体化、信息数据一体化、所社衔接一体化的工作格局,将统一戒毒模式建成相互关联、完整统一的全过程。上海市分期分区的"核心主轴"是遵循强制隔离戒毒人员在戒治流程的不同阶段的个性特征,实施戒毒成效三阶评估,医教并举与综合施策。

在所内分期分区管理后,通过所社衔接共同体建设、志愿者建设、同伴辅导员、家属学校、就业促进、网络共享平台建设、跟踪回访等诸多举措联动作用,推动分期分区管理规定。强制隔离戒毒、社区戒毒、社区康复工作的深度融合,探索所社衔接工作方法和手段,完善无缝衔接机制,进一步提升

---

[1] 谢川豫:《新时期我国戒毒模式的发展及挑战》,《中国人民公安大学学报(社会科学版)》2013第2期,第38—46页。

对戒毒人员的戒治、教育、就业、帮扶、救助等整体工作水平，从而达到帮助戒毒人员戒断毒品的目的，进一步保障其积极回归社会。同时进一步加强回归期戒毒人员与社工、家庭、社会组织的良性互动，打造戒毒命运共同体，实现回归社会"软着陆"。在风险评估方面，建立戒毒人员复吸风险评价机制，对出所后复吸风险进行评估预测，服务后续照管工作开展。在队伍延续方面，发展专业志愿者队伍，主动获得包括市禁毒志愿者协会、企业、街道等在内的支持，同时加强日常管理工作，充分把握市禁毒志愿者协会的资源优势，根据戒毒工作实际和特色工作，建立健全志愿者招募、服务项目开发储备、服务活动开展等工作机制，从而为分期分区后的进一步打造梯度社区化奠定基础。

（二）开放空间构想：强制隔离戒毒所内建立社区

1. 所内社区实践探索

当前所内社区的实践探索主要表现在强制隔离戒毒所内回归指导站的设置。回归指导站是对期满前一个月的强制隔离戒毒人员开展回归适应性教育、就业指导、就业体验以及衔接帮扶等活动的场所，是强化所社衔接、推进后续照管的重要桥梁和纽带，是贯彻司法部《关于建立全国统一的司法行政戒毒工作基本模式的意见》的创新之举。

回归指导站设置教育培训、就业体验、衔接帮扶等多个区域，进行分类管理帮扶，综合运用志愿者同伴教育、择业观教育、社会适应教育等，引入社会力量参与回归指导工作，进一步强化衔接帮扶的作用。致力于帮助戒毒人员巩固在所内的戒治成效，提高其社会适应力。回归指导站集回归教育、衔接帮扶、社会帮教、就业指导和招聘指导于一体。通过就业指导教育及职业推介会、就业形势政策介绍等内容对接就业促进中心、社会公益组织等，介绍相关企业进所开展招聘会。各科室、大队协调开展对回归人员的帮扶、救助等活动，对回归指导站的设备进行定期维护。

回归指导站设置教育培训区、就业体验区和衔接帮扶区等区域。在教育培训区设置回归电教室和回归指导室，对戒毒回归人员开展就业教育培训和综合指导工作，以巩固戒毒人员的戒断效果。与此同时，设置政务中心模拟体验和网上创业体验环节，帮助戒毒人员回归社会做好相关准备，增强其自信心和内生动力。在所内设置所社帮扶、所企助力和所校拓展等环节，开展所内招聘、同伴教育和所内政策宣讲等活动，为戒毒人员回归社会做好基础的心理准备。

整个回归指导站的运行可以分为三个阶段：教育培训、就业体验和评估衔接，每个阶段可以持续10天。首先，在教育培训阶段，开展适应性教育,包括回归动员、大队日常教育、同伴教育、家属学校和参加教育矫治中心的日常教育。在技能培训方面,由老师进行授课进行能力素质培训;在实操技能培训方面,通过插花及画框制作等实用技能培训来提高回归人员的生活技能。其次,在就业体验阶段,通过组织开展就业形势讲座和现场分析咨询招聘,同时进行就业体验,让戒毒人员体验创业流程并提高其对自主创业的认知。最后,在评估衔接阶段进行综合评估,从第一周开始进行全程回归指导,对回归期间的表现情况及行为进行考核,进行包含回归宣誓、寄语等在内的回归总结;回归衔接包括对戒毒人员的所社衔接、所企衔接等。

当前的上海市强制隔离戒毒所回归指导站设置已然走在全国前列。以上海市SZ所为例,SZ所回归指导站于2018年开始筹建,2019年3月建成,7月投入使用,中心占地560平方米。根据戒毒人员回归前的心理准备、亲情沟通、就业帮扶等实际需求,SZ强制隔离戒毒所以"回、教、疏、康、帮、归"为抓手,以"五室两厅"为载体,设置创业体验室、情感互动室、所社衔接室、回归电教室和阅读创作室,设置回归指导厅和就业体验厅。

SZ所回归指导站致力于帮助强制隔离戒毒人员巩固所内戒治成效,主动对接社工站并打通社区的提前介入,主动对接区镇街道禁毒办,主动对接就业促进中心、社保中心等,打通戒毒人员回归帮扶的最后一步。回归指导站是强化所社衔接、推进后续照管的重要桥梁和纽带,是所社、所企、所校的衔接基地,是戒毒人员回归社会前的管理、教育、就业培训和后续照管延伸的融合点,是构建戒毒人员与家庭、社会支持系统的平台,是戒毒人员回归社会、融入社会的后续指导站。教育培训区设立回归电教室、回归指导厅,主要用于回归戒毒人员的教育培训、综合指导工作,巩固戒毒人员的戒治成效。就业体验区设立行政服务中心体验厅和网上创业体验室,为戒毒人员回归社会后的就业创业提供前期体验,增强他们的创业信心和内在动力。衔接帮扶区设立所社帮扶室、所企助力室、所校拓展室,主要用于开展同伴教育、所内招聘、政策宣讲等活动,为戒毒人员回归社会打下良好的基础。

以空间的维度来打造回归体验物理格局,打造"五室两厅",其主要功能是:回归电教室主要承担回归教育、就业培训、就业指导活动,通过教育、培训提升戒毒人员适应社会的能力,实现顺利回归社会的目的;所社衔接室主要承担所社衔接、所校拓展、帮教帮扶、帮困救助等活动,通过衔接、拓展、帮扶进一步提升戒毒人员回归的戒治决心;情感互动室主要承担戒毒人员回归前自我测试、心理疏导、亲情疏导、同伴教育和防复吸引导等活动,帮助戒毒人员树立回归自信心;创作阅览室为爱好书法、绘画等的戒毒人员提供创作空间,同时也为喜欢阅读的戒毒人员提供文学、创业等书籍;创业体验室借助现代化信息网络功能,对戒毒人员进行网络就业、创业技能培训,增强戒毒人员创业能力,提升戒毒人员回归就业率。回归指导厅主要为社区、学校、企业等单位提供多人帮教、团体训练、就业招聘等大型集体活动场地,为回归人员做好回归指导工作;就业体验厅借鉴现代化企业先进管理理念,组织戒毒人员参与就业技能、安全操作、工艺指导等体验环节,为社会企业输送合格人才。

回归指导厅的主要工作是：负责入所的帮教工作,组织开展同伴教育工作及学校家庭教育工作;负责回归人员的信息衔接、机构对接和送站等工作;负责回归人员的就业指导培训推介、基地建设及法律援助等工作;开展戒毒志愿者活动,负责出所人员的跟踪回访,负责回归指导厅的正常运转和日常指导。因此在回归指导厅设置六大课程：毒品危害与禁毒教育、自我支持与社会适应教育、法律意识教育、择业观教育和就业促进宣讲、同伴教育、就业技能培训。邀请精神卫生中心执业医生讲授毒品成瘾机理,对身体产生的危害,以及防复吸必须注意的问题;邀请社会工作领域专家入所讲授如何重建自我支持和社会支持系统,帮助戒毒人员重建信心,尽早融入社会;邀请法律援助协会到指导中心固定点提供咨询,到回归指导站讲授法律知识;邀请就业促进中心到回归指导厅进行正确的择业观教育,介绍当前的就业形势;邀请禁毒志愿者协会进入回归指导站开展同伴教育,做好相关衔接工作;积极联系专业老师进行职业技能培训,链接爱心企业到回归指导厅安排现场招聘。

回归指导厅设置回归教室、就业体验中心和创业体验中心,定期引进各区就业促进中心和知名企业入所开展就业培训、就业指导以及就业招聘活动,为戒毒人员回归充分提供就业、创业的场地和机会。在回归指导站开设社会需求量大的计算机、汽车维修等职业技能培训,为回归社会顺利就业做好准备。进行立体化医疗网络品牌建设,针对戒毒人员病情,在病残专所、专区、专队架构的基础上,逐步打造"立体化医疗网络"。建立病残分类防治网络,发挥戒毒医疗中心疾病防治功能,对内对接相应病残专区需求,加强基础医疗服务;对外拓展医疗专科联盟,提升疾病专业诊疗能力,开展联合会诊、联合巡诊。强化跟踪成效并统筹协调社会面资源,用于帮助戒毒人员回归社会正常生活。建立内部协调统筹机制,对接回归指导需求,统筹回归指导内外资源,促进回归指导工作科学融合,提升回归指导工作的效能。依托戒治大数据平台,采用医学、心理学、社会学等学科工具,开发多类评估软件,对戒毒人员复吸风险源进行定性和定量分析,掌握发生复吸危险的可能性和复吸程度,对复吸风险进行等级划分,作为所内戒治效果评价依据,服务后续照管,并连续跟踪监督效果。

2. 所内社区的现实困境

当前构建强制隔离戒毒到社区康复无缝衔接制度存在的主要困境包括:整个戒毒工作体系有待进一步完善,规范化水平有待提升,科学戒毒工作水平有待提高,以及队伍组织有待进一步巩固。

(1)在整个戒毒工作体系方面,在公安禁毒机关、戒毒单位、戒毒场所及社区之间并未建立起协作机制,工作之间的协商通报和交流并未形成常态化机制,难以形成工作合力。[①] 部分戒毒单位的对外延伸帮扶及后续照管等活动由于未得到足够的支持和配合而收效甚微,戒毒场所内各大中心的配合也不够到位,整体效能的发挥不够突出。在实际工作中还是依赖于禁毒社会工作者的个人发挥,未形成合理的机制,正如访谈调研中禁毒社会工作者所言:

> 首先要了解他的家庭情况,他的个人情况是必须要了解的。我们在工作中出现过一些问题。有一位女性刚刚结婚,但是她的娘家婆家都不知道她的吸毒史,而我们又是城乡接合部拆迁的,流动人口比较大,而且邻居好奇心也重。我们进进出出,有的时候带上派出所,人家就看到了。所以我们一般保密工作都做得特别好。谈话时简单了解一下,拉拉家常,两个人熟悉一下,就是让戒毒人员尽量放松下来,不让他对我们有很大的戒心,形成一种相对和谐的关系,以便我们更好去管理。但心理咨询有一些专业性的要求,我们就跟乡镇卫生医院合作了,因为我们这方面的专业知识有所欠缺,所以都不知道怎样做心理辅导,什么样的人适合做心理辅导。(2019NXSG08)

(2)在规范化水平方面,各个戒毒单位的执法理念有待更新,各部门之间的管理、协调、配合并未做到协同主动,导致整个执法质量不高,其公信力有待提升。从戒毒单位的个体行为来看,民警的执法行为有待规范和提升,存在着一定的执法随意性,对戒毒人员的管理与服务不到位,所务未公开不透明,对于所情、社情、警情、戒情、舆情的掌握不及时且不到位。正如在访

---

① 姚建龙:《禁毒法与我国戒毒体系之重构——风险预估与对策建议》,《中国人民公安大学学报(社会科学版)》2008年第2期,第39—44页。

谈调研中禁毒社会工作者所言,缺乏一定的系统性,工作有时会有些茫然:

>希望能够学习一些系统的知识。比如说有一个刚出所的人回来,你要通过他的谈话,对他的家庭情况有所了解。你要掌握他的情况,要怎样抓住重点,就要知道他需要什么,我们怎么帮他,在各方面抓住特别重要的那一个点去改变他,在这一点上我们特别欠缺。(2019NXSG06)

(3)在科学戒毒工作水平方面,整个场所的体系化和能力建设未做到协同整合、部署和推进;按部就班的固化执行动作较多,而灵活创新方面的因地制宜动力不足。作为无缝衔接所内环节的核心主战场的"戒毒医疗中心"的工作、设备、医护力量不足,专业水平不高。在所内教育格局中,注重单项教育和多种教育结合的模式,作用发挥不明显。基层戒毒场所的智慧建设水平不足,与实践要求略有不符。正如访谈中禁毒社会工作者在印象深刻的例子中提到的,目前场所的作用对于戒毒人员的成效不足,主要是要通过人的关联维系:

>我们有一个学员,吸毒很严重,2006年已被劳教,2006年到2018年又前后五次被强制隔离戒毒。我们是2018年1月接他出所的。现在他有工作了,其实也可以看到他的整个精神状态很好。他以前经常出来后又很快进去,最主要是因为他出来之后没有人监督,有心瘾,并且刚出来就会有以前的朋友找他。所以他以前每次强制隔离戒毒出所不到一周就又进去了。现在我们无缝对接,他一出来我们就监督了。然后我们就跟他约定,第一个月是需要每周来一次。现在我们也跟所有强制隔离戒毒所出来的学员说第一个月一周来一次。虽然没有法律规定,但他愿意就没问题了。他有人关心,他家里人也支持。他觉得他妈妈年纪大了,他不想吸了。慢慢地,他就经常过来尿检,后来他工作也稳定了。他们需要关心和尊重。尊重是很重要的。他跟我说过他之前去派出所尿检的时候,让别人看,他是不愿意的,但是有时候必须去派出所。而对于社区戒毒康复的要求,学员一开始也是很不愿意接受的,但后来慢慢觉得可以接受了,因为他认为在社区接触这段时间你是花了工作时间陪他的。(2019FSSG06)

(4)在队伍建设方面,尚未形成较为完备的领导工作体系。在工作推进、改革深化和品牌树立方面尚未形成完善的管理制度和规范的流程。以人为本的理念践行不到位,基层民警长期在戒毒一线工作,领导对其关心和爱护不足,队伍管理教育较弱,工作能力相对较弱。在工作中发现和暴露的问题难以做到标本兼治,会形成反弹和反复,推进强制隔离戒毒到社区康复无缝衔接主体制度的基础保障不够牢固。在人才队伍建设方面,民警的保障不足,导致其工作承担积极性下降,大量的工作积压于禁毒社会工作者身上,禁毒社会工作者在实践中也面临着管控与服务的伦理困境:

> 不能因为他不想让家里面知道,我们就去保护他,帮助他去瞒这种事情,我们肯定不会做隐瞒这种事。可以说村干部就是我们与戒毒人员和他的家属之间沟通的桥梁。我们通过村干部去了解他家里面的信息,了解戒毒人员的信息。通过中间的桥梁,做到沟通、配合。(2019NXSG04)
>
> 曾经有一位领导,问过我们一个问题,如果这些人员跟你谈话的时候告诉你他前两天吸毒了。站在禁毒社工的立场,你应该去帮扶他,让他以后不要吸了。但是如果要从执法的角度来讲,是不是就要举报他。所以我们自己也很矛盾,我们不知道该怎么选。(2019NXSG07)

正如访谈中所言,在实际工作中,禁毒社会工作者面临着管控与服务之间的难题,时常面临着两难的选择,一方面要恪守工作伦理,另一方面又要与服务对象建立关系,在这两者之间存在着张力,考验着禁毒社会工作者对自由裁量权的把握。基于上述诸多问题,当前的强制隔离戒毒到社区康复无缝衔接所内社区实践环节还有着很长的路要走。当前实践中的所内回归指导站虽然能在一定程度上发挥作用,但并不能解决戒毒人员空间转换所产生的问题,所内的回归指导站也不是真正意义上的半开放空间,由于其隶属于强制隔离戒毒所内的戒毒管理区中的一个小环节,只能有限地发挥作用。

3. 回归指导站所内社区构想与路径

基于当前已有的所内回归指导站具备一定的衔接帮扶的功能,但由于其空间属性的制约,在强制隔离戒毒所内的戒毒管理区内设置的回归指导站隶属于封闭空间下的制度设置,空间属性制约着其功能的发挥。真正意义上的回归指导站应是具备一定开放属性的制度设置,在强制隔离戒毒所内、在戒毒管理区之外划分出一个半开放空间——回归指导站。在这个回归指导站中,沿袭原有的回归指导的功能,同时增强其开放性的功能,例如在回归指导站中的戒毒回归人员在达到一定条件后,可以申请出所工作活动等,形成与强制隔离戒毒所内戒毒管理区截然不同的空间管理属性,形成强制梯度递减的半开放空间管理制度。

要建立强制隔离戒毒到社区康复的无缝衔接制度,首先要增强强制隔离戒毒所的开放性,因此须制订在强制隔离戒毒所内建社区作为增强强制隔离戒毒所开放性的基本计划。社区是基于社会互动、社会认同等方面形成的,其核心是其互动关系。在一个社区中居民会形成相似的社区意识、生活习惯和行为规范等,彼此间有着一定的认同感。强制隔离戒毒所内每个队内学员生活习惯的培养基地空间,都可以看作一个社区,在这个社区空间内进行社区文化建设。在这个强制隔离戒毒所内社区,各学员进行着密切的互动。来自全国各地的不同性格的学员通过一起做内务、交流学习等进行接触,形成对这个社区空间的认同感。由此学员会有一个初步的概念,知道自己是哪个大队的学员,清楚本大队的特征与特色。在以大队为依托的强制隔离戒毒社区中,通过这种方式,可以在小矛盾的萌芽状态将其化解,消除相关的安全隐患,保证戒毒人员的学习与生活能够平安完成。不仅如此,在所内社区会形成一个温馨的休息避风港,让他们有归属感,这些需要相对完善的制度设计及所内民警的科学管理,同时锻炼和培养学员的自主生活能力与自我管理能力,以适应即将到来的社区生活,才能够更好地进行再社会化。

在强制隔离戒毒所内进行社区建设需要一个同伴领导人,需要在学员中自愿筛选,可以参照过往的工作、学习、生活等综合指标排名去进行筛选。对于遵纪守法且服从民警管理、热心公益事业的学员,可以优先考虑接纳。戒毒人员自愿报名,并在之后对大家进行热忱耐心的服务。最后筛选出候选人,在社区内进行演讲,将自己的服务理念、计划与方法等进行展示,并对服务进行承诺。所有人员进行投票选举,根据得票多寡与实际情况进行安排。大队生活社区作为学员共同生活的空间,被视作一个温馨的避风港湾,这些都需要筛选热心人来一起进行服务,将强制隔离戒毒所内大队社区建设得更完善。

三、管控与服务:时间维度的梯度社区化措施

(一)所内空间:强制梯度递减

从分期分区开始,所内空间的管控力度就开始随着时间的流转发生着变化。分期分区的模式有四个区域,分别是生理脱毒区、康复教育区、常规戒护区、出所适应区。在这四个区域中,不同的区域有着不同的要求,根据戒毒人员的发展状况与戒断情况,进行着分层管理。

1. 生理脱毒区

在生理脱毒区,主要通过开展食疗、理疗、体疗、药疗等方式,帮助戒毒

人员平安完成生理脱毒期,减少直至消除对毒品的生理依赖,改善其生理功能,改变其逆反心理,使之配合戒治。在生理脱毒区,戒毒人员处于完全封闭的空间,这个时期的空间属性是隔断的,无论是食疗、药疗等诸多措施都是在封闭的空间中得以实行,这一阶段中的空间起着封禁的作用,谁也不能脱离这一封闭空间,生理脱毒区就如同一个囚笼般笼罩天地,将戒毒人员禁锢在场所中,直到其消除对毒品的依赖,逐渐走出生理脱毒区,才在完全封闭的空间中有了一定的自由,进入下一阶段的戒治,手段也会趋于温和。

2. 康复教育区

经历了生理脱毒区对戒毒人员的基础诊治与处理,在康复教育区,主要是在戒断生理依赖完成后,通过带领戒毒人员学习法律法规和戒毒的相关知识,思考自己过往行为的危害,并规训其行为操作,调整其认知和心态,确立适宜的目标,助其建立自信心,强健其体魄,帮助戒毒人员适应场所内的环境,改变认知结构,激发戒毒动机。康复教育区中的戒毒人员仍然是处于封闭空间中的被规训者,经历了生理脱毒区后,戒毒人员获得了一定的自由,可以在相对没那么严厉的环境中逐渐去思考自己的往事,去进行新一轮的认知调整,调整自身的认知和心态,在场所内获得一定的自由活动权,自我激励,形成持续的戒毒动机,贯穿于整个戒断阶段。[1]

3. 常规戒治区

经历了康复教育区的认知升级与迭代,初步激发了戒毒人员的戒毒动机,在接下来的常规戒治区,对戒毒人员的戒毒动机进一步强化,矫正并修正其性格缺陷,重构其行为模式,并培养其生存技能。常规戒护区仍然是典型的封闭空间场所,作为封闭空间发展的第三个阶段,其封闭性仍然是其主体特性,戒毒人员的活动范围仍然处于被限定的状态,但经历了前两个阶段的戒治,此时的戒毒人员的生理和心理状态明显有着极大的不同,此时所内的管控力度会有所下降,走向稳定的常态。

4. 出所适应区

经历了前三个阶段的综合戒治处理,这个区域已经是出所前的最后一个环节了,这个环节的设置就是无缝衔接制度的开端,在强制隔离戒毒所内增加其开放性。在出所适应区内模仿社会环境,对戒毒人员开展社会适应性训练,开展防复吸训练,提高其对毒品的拒绝能力;同时,家庭支持与社会

---

[1] Moneika, D. S., Fite, P. J., Omar, G.: "Assessing the links between Internalizing Symptoms and Treatment Motivation in Incarcerated Juveniles", *Children and Youth Services Review* (prepublish), 2020.

支持介入,提升其亲情关系修复力、社会就业谋生力等能力,促使其正常融入社会。出所适应区就是封闭空间与半封闭空间的开端,此时的封闭空间界限逐渐被打开,作为所内的最后一环节,增强其开放性是应有之义,戒毒人员在所内的适应训练为其从封闭空间走向开放空间做足了准备,增强其与封闭空间外的连接则是空间打开后的重要要求。

(二)所内措施:管控让位服务

在强制隔离戒毒所内建设社区是增强强制隔离戒毒所开放性的重要空间设置,在这个所内社区中有几大主要工作内容:矛盾调解、困难解决、解除抑郁、治病救人、家庭关系修复、药物滥用预防教育等。在矛盾调解方面,当学员发生矛盾时,社区服务人员应及时上前调解,缓和双方关系,疏导双方情绪,将矛盾化解于萌芽状态,避免矛盾激化、扰乱公共秩序、打架斗殴等破坏优良生活环境的行为。在困难解决方面,当学员因患病等原因而造成生活困难时,应热心帮助,协助解决问题,让学员感受到关怀和温暖,对于积极主动帮助他人的学员应给予支持鼓励,让温情与温暖的氛围充溢社区,笑脸长存,感恩永怀。在解除抑郁方面,当学员因家庭等因素闷闷不乐时,应积极主动友善地帮助他们澄清内心真实的想法,通过真诚沟通来认真倾听其痛苦的根源,用自身的经验和技术,帮助其走出困境并修复关系,由此过上幸福生活。治病救人是当学员突发疾病时,要积极联系,帮助抢救,送往医院。在家庭关系修复方面,通过对有家庭关系障碍的学员的介入,使其功能恢复至原有的正常水准,回归到平衡、亲近、相互独立的稳定状态中,回归到原有的良好的有机体之中。由于强制隔离戒毒人员因吸毒被送去强戒导致丢掉工作、生活拮据,进而引发家庭矛盾,乃至家庭破碎,家人对学员逐渐失去信心和耐心。在强戒的过程中,有亲人家属来看望会对戒毒人员的安心戒断有着积极的意义。戒断之后,没有了药物依赖,身体机能也得以提升,神清气爽、智慧迸发,与家人的关系也愈来愈近了,复苏亲情的呼唤,使得家庭介入成为一种重要的手段。在相关戒断教育方面,通过对药物滥用预防与戒治知识的讲授与宣传,使戒毒人员获取相关知识并保持操守。学员在强制隔离戒毒所内的社区中学习和生活,出所后,民警应继续用微信等软件与其进行联系,以帮助其进入社会,更好地抵御毒品的诱惑,保持操守。

高度重视同伴好友、家庭等的作用,在通过药物滥用预防和戒治诊断的评估中,合格保持操守不同的时间段应有不同的规划模式,在不同的时间节点,即一个月、三个月、六个月、九个月等不同的时段,经过评定后,进行不同的经验传授,对于戒断三年、五年、十年的学员做重点经验分享,谈如何戒断的心得体会,就业有何方法,如何过上常人的幸福生活、保持操守,成为一个

"胜利者"。邀请成功戒治并回归社会且保持操守的,同时在社会上取得事业成功和家庭幸福的人进行演讲和交流。例如,上海的同伴教育宣讲小组入所开展活动,取得了不错的效果。让这些持续保持操守的人回到所内社区跟他们讲在真实的社区环境中,如何重新定位自己,与家人和谐相处,并获取家人的信任与支持;如何摆脱以往不堪的毒友圈,重新开始新的生活;等等。当事人现身说法,冲击更为明显,他们证明药物滥用成瘾可以得到彻底的戒治,这将增强戒治人员的积极性,同时可以增强他们的自信心并提升其技能和经验,提高自己与毒品做斗争的能力,尽更大可能地保持操守,提高戒断率。在强制隔离戒毒所内进行社区建设,实现与社区戒毒的无缝衔接,在所内建立社区,尽可能地不脱离社会,实现戒毒人员与社会的共同发展,实现良好的社会化,帮助其出所后顺利融入社会。

通过各种技术手段实现强制隔离戒毒所内梯度社区化与社区梯度强制隔离化后,二者达至同一水平度,然后在同一梯度进行有机对接。本章内容构成了梯度融合的前半部分,接下来的章节将阐述社区梯度强制隔离化及社区开放梯度递减。

第五章　区内设所：社区康复制度的梯度强制隔离化

所谓区内设所是指在社区内设置康复指导站，从而实现社区康复的梯度强制隔离化。康复指导站是为防止戒毒人员从强制隔离戒毒所走向社区的过程中因空间转换而产生戒断困境，从而设置的位于社区中的梯度强制隔离化空间。其目的是让半封闭半开放空间处于同一梯度，便于实现梯度融合与有机对接，然后依托同伴教育进行互助和融合，助力戒毒人员更顺利回归社会。

一、康复指导站：半封闭空间中的制度设置

（一）康复指导站实践探索

社区康复指导站是一种介于强制隔离戒毒所与社区之间的康复场所，在当前已有的实践中，可以选择将戒毒人员送入戒毒康复站进行"边工作边康复"。例如，在广东省佛山市的戒毒康复实践中，进入康复指导站的戒毒人员，周一到周六需要在封闭的场域中进行生活和工作，在那里有警察的长期驻守，周日可以外出自由活动，如此便形成了兼具封闭性与开放性的所外康复指导站这一半封闭空间。在这个半封闭空间中要建立康复工作体系，其主要做法是建立相关社会组织，由社会组织招聘社会工作者，同时整合其他社会志愿者力量，在相关部门的指导下为戒毒人员提供服务。这种方式的优点是基本上可以实现戒毒人员社区康复服务的全覆盖，因而具有管理意义上的成效，当服务质量得以提升后，其服务意义上的成效也会有较大水平的提升，从而进一步在社区康复工作体系的基础上建设无缝衔接机制。设置居所社工、提前介入、开展同伴教育、家庭关怀、出所必接等，在提升了专业性的同时进行了所社联动加强，进行了形式上的无缝衔接。

无缝衔接存在于强制隔离戒毒所与社区康复的两个环节之间，在每个场所中都有不同的表现形式。社区康复源自世界卫生组织于1976年提出

的理念,其最初指向是病、伤、残等人员。中国于1986年提出社区康复。①2010年世界卫生组织等联合出版的文件,明确社区康复是社区发展的一种包容性策略,②这些内容在很大程度上适用于戒毒人员的社区康复。因此,我们可以把社区戒毒规定为在社区或社区戒毒场所内,最大限度地运用资源,恢复戒毒人员的生理及社会功能,促进其保持操守、融入主流社会的戒毒人员发展策略。

强制隔离戒毒场所与社区康复工作体系间存在缝隙,是在所社之间的,而不仅仅是戒毒人员与社会之间的。通过对禁毒社会工作者的访谈发现,所社之间的缝隙问题也存在于吸毒检测这一程序之中,且其形式是不断发生变化的:

> 现在的吸毒检测是很规范的,每个细节都不断进化。尿检采集区都有监控,取尿样的厕所下面都是蓝色的水,都有漏斗。进尿检车之前,所有人都要进行人身检查,不能携带任何东西进去,因为检测出来的结果是有法定需要的。因为是社工在服务,检测出阳性结果报派出所了,在后续服务上会比较难。如果他们检测作假,社工可能也不会直说,不会像公安的整个程序那么严格,那么有威慑力。社工检查出来阴性,说不定到公安那边检查出来的就是阳性,那么到时候就会有矛盾。尿检是社区康复制度在社会面的唯一威慑力。(2019HZSG07)

作为唯一威慑手段的尿检程序,尿检已从禁毒社会工作者手中收回到了民警手中:

> 最早进来的一批社工是有尿检资格证的,但是我看了一下,那个证好像是有有效期的。其实我们没有资格做,只有派出所民警才有尿检资格。以前都是我们做的,戒毒人员在我们这里做过尿检拍好照就可以了。但是现在更加规范了,要他们去派出所尿检,做完站在那里拿着尿检板由民警现场拍照,拍完之后发到我们和民警的一个群里,我们这

---

① 卓大宏、贝维斯、李建军、黄晓琳:《中国社区康复的现状、面临的挑战和发展趋势》,《中国康复医学杂志》2015年第7期,第635—639页。
② 资料来源:2010年世界卫生组织、联合国教科文组织、国际劳工组织和国际残疾与发展联盟联合出版的《社区康复指南》,该指南以残疾人为指向,明确社区康复涵盖健康、教育、生计、社会融入、赋权等5大领域25个方面的具体内容,为世界各国开展残疾人社区康复提供了全面指导。

边接收了之后才算有效。突击尿检的,有可能就不让他们到派出所,而是我们自己做,但一般情况下都是让他们到派出所社区民警那里做的。(2019HZSG01)

直接叫他们到派出所去更方便。我们专门有人负责这项工作。比如说他是几月几日尿检的,或者他自己要去的,我们就帮他联系社区民警确定其有没有空,社区民警也蛮忙的,有可能在忙别的事情,那我们对接好,去找一个社区民警把尿检做好,照片传过来就好了。(2019HZSG01)

那怎样才能真正实现所社的无缝衔接？这需要把握一定的边界。因此,实现无缝衔接的核心在于所社部分互渗的制度体系。实质上目前戒毒工作中的一些做法已经有了无缝衔接的内蕴。前文已有介绍,所内环节以分期分区为基础设置五个中心,这意味着与之前的强戒模式不同,在强制隔离戒毒所内将形成一个强制程度逐渐弱化的工作体系,即在评估的基础上部分戒毒人员可能真正进入所内的社区戒毒生活,从而形成一个以强制程度为标尺、梯度弱化的工作体系。这是梯度融合的一个方面。梯度融合的另一个方面在社区。社区本身具有平等的特征,但为了迎接戒毒人员的返回,并最大限度地减少其社会适应的不良现象,在社区康复制度建设上应构建与强制隔离戒毒相对应、相渗透的社区康复制度体系。这一体系在对接方面的强制程度有所增强。当这种强制隔离戒毒制度与社区康复制度互渗形成梯度融合的戒毒康复制度时,断崖消失,戒毒人员的社会适应问题内在地得到解决。概括而言,所谓梯度融合就是强制隔离戒毒机构的梯度社区化,社区康复的梯度强制隔离化,在社区化与强制隔离化部分形成强制隔离戒毒一部分与社区康复一部分的互渗与重合,真正实现无缝衔接。这种互渗和重合的表现形式在实践中以出所衔接和定期报到等环节为雏形：

以不定期报到为例,叫他 20 日当天报到,他却拖着不来,到 21 日我发第一张函,第二天再发一张。三张告诫书发完,然后就给派出所打报告,叫派出所去抓人。这种行为是违反协议的,要直接送强戒的。(2019HZSG03)

还要问一下他有没有心理问题,有没有心瘾,问他现在有没有跟他原来毒友圈的人接触,身体情况怎么样,有没有工作,没工作的话是否计划找工作或要申请帮扶的,因为驾驶证是注销的,还要提醒不能开

车。另外,还要确定一下他的联系方式有没有更改,包括电话、微信等各种联系方式。(2019HZSG03)

由上可以看出,目前已有无缝衔接的实施形式,包括出所衔接和定期联系等环节。要实现强制隔离戒毒所和社区康复的无缝衔接,在把握边界的基础上主要分为两个步骤:第一步是梯度融合,第二步是有机对接。强制隔离戒毒所的高封闭性与社区的高开放性使两者处于完全不同的梯度,梯度融合就是要通过在所内和所外分别做建设,使二者之间产生一个中间梯度,从而实现两者在同一梯度的对接。由于所内和所外是差异性较大的两个场所,一个完全隔离封闭,一个完全开放,两者环境的差异性对戒毒人员提出了不同的要求,因此首先需要在两个场所之间分别建设,使二者达至同一梯度,然后进行有机对接。在基本模式下,回归指导区便成为戒毒人员从强制隔离戒毒所回归社会的"最后一步",此处也可以视作所社衔接的开端,无缝衔接的建设从回归指导区开始。在所外的环节,《意见》指出,在衔接帮扶方面,通过采取出所衔接、出所调查、指导支持社区戒毒社区康复、办好戒毒康复场所等措施,力争打通戒毒工作的"最后一步"。本书就在于研究如何避免从强制隔离戒毒到社区康复之间的断裂导致的反复,构建在强制隔离戒毒所内建社区、在社区内建立管控中心的模式,分层级逐步降低强制隔离戒毒所回归指导区的隔离性,增强其开放性,以更好地与社区进行对接。

设置康复指导站,避免戒毒人员从强制隔离戒毒所内出来后走向完全开放的空间造成身心不适而引发复吸。根据场所的隔离程度不同,将戒毒人员从强制隔离戒毒所到社区的过程分为封闭场所、半封闭场所、半开放场所和开放场所,形成诸多场所的梯度融合。在访谈中,发现关于所社衔接的部分较为简单直接,前期没有措施,但出现问题、违反协议了,就直接送到派出所,然后送强戒所,较为简单粗暴。笔者对禁毒社会工作者的访谈,佐证了这一点:

反正违反协议了就可以报派出所,情况说明写好了,一式两份报派出所,一份给他们,一份给我们自己留着,由派出所出面抓这个人,抓完之后是可以直接送强戒的。(2019HZSG03)

实现梯度融合后,应当对场所内的戒毒人员进行有机对接,将所内的回归指导站与社区内的康复指导站逐步融合打造为同一梯度,在同一梯度内进行有机对接。在当前所内与所外有机对接的现有实践中,同伴教育无疑是重要的方式。

(二)有机对接:康复指导站与社区同伴教育

1. 同伴教育实践探索

同伴教育最早出现在亚里士多德时期,在18世纪末至19世纪初西方就已有应用,但直到20世纪80年代才得到广泛应用和蓬勃发展。同伴教育理念是把有相似性的人聚集在一起,通过信息的分享、观念的澄清、情绪的支持及行为技能的培训,来唤起同伴的心灵共鸣,从而达到特定教育目的。在中国,尽管西方意义上的同伴教育发展较晚,但是与其类似的思想和形式早已应用,如古代文人墨客的以诗会友、剑士侠客的以武会友等,通过在同伴中树立榜样而号召追随者学习提升相关技能的观念由来已久。

同伴教育被定义为一种处理方式,它能够使人洗涤心灵,从而改变自身的认知和态度,也可以通过一定的改变激励去修订一些方案和政策,实现社会层面的变革。① 各个不同权威部门对同伴教育下了不同的定义,但是总的来说,同伴教育有以下共同点:同伴教育比其他的方法成本更低、效益更好;同伴是可靠的信息源;同伴比专家能够更准确地传递信息,他们会一起辨认信息;同伴教育能够让提供同伴教育的人同样受益;同伴提供的教育是可以接受的,而其他方式的教育则很难。②

禁毒领域的同伴关系比较特殊,更多是希望他们能够彼此分离而非集聚以防止互通信息和"交叉感染",因此在国内的探索应用较晚。后来,同伴教育进入禁毒领域,作为一种主要优势方法推进。上海市的同伴教育发展迅猛,成为全国的典型。2003年上海市为了从源头上预防犯罪,通过政府购买服务,进行社区戒毒康复领域的禁毒社会工作职业化、专业化发展,从此社区戒毒、康复领域的同伴教育服务应运而生。上海社区戒毒康复领域的同伴教育源自2003年3月的第一个戒毒热线——"叶子戒毒热线",随后2004年在闸北区(现合并为静安区)启动女子戒毒沙龙,历经沙龙活动向项目制运作拓展,从社区层面向强戒所内延伸,开启了所社衔接的雏形。

总体看来,上海市同伴教育在十几年的发展中大致经历了初步探索期、

---

① 唐斌:《社会工作专业干预下的同伴教育——以上海市P镇"女性戒毒沙龙"为例》,《青少年犯罪问题》2008年第6期,第68—71页。
② 费梅苹:《意义建构:戒毒社会工作服务的实践研究——以上海社区戒毒康复服务中的同伴教育为例》,《华东理工大学学报(社会科学版)》2011年第2期,第24—29页。

基础培育期和快速发展期三个阶段。①

（1）同伴教育的初步探索期是2003—2007年,这一时期的主要标志是闸北区"女子戒毒沙龙"和静安区同伴自助小组的开展。这一时期形成了戒毒热线、同伴沙龙和同伴自助小组为核心的同伴教育基本架构。2003年3月,上海市自强社会服务总社成立了"叶子戒毒热线",这是上海第一条戒毒热线,由已康复的人员通过服务热线为戒毒人员提供一定的心理辅导。2005年5月,政府通过购买服务的形式正式聘用了康复人员叶女士参与上海市自强总社同伴教育工作。

同伴沙龙则源自闸北区,2004年闸北区彭浦镇的禁毒社会工作者发现该区相当一部分女性戒毒人员的经历十分相似,平均年龄在30岁左右,毒龄普遍在5年以上,并且有多次戒毒经历,大多家庭破碎,也失去了曾经令人羡慕的收入和工作,导致经济拮据、生活困顿,亟须获得帮助来重获信心,学习融入社会的本领。经过领导的支持和相关老师的指导后,该镇的禁毒社会工作者成立了女子戒毒沙龙,运用社会学习理论进行集参观、访谈、讲座、娱乐、游戏互动等主题于一体的、针对性极强的小组活动,为这些具有同质性特点的女性对象开展服务。通过持续组织实施沙龙活动,让大家不断自勉最终收获自强自立,还在当地妇联的组织下走进女子戒毒所作讲演。

静安同伴自助小组,源自2005年静安区自强社会工作服务站的禁毒社会工作者的发现,一些服务对象不但自身戒毒康复情况良好且投身公益性活动,于是考虑将他们发展成社区康复对象的榜样示范,经严格规划后招募了不同戒毒康复情况的戒毒人员组成了静安同伴自助小组,在实施的过程中须遵守专业要求,设定小组的目标活动形式和内容,并对组长和组员制定严格的筛选机制。相比于同伴沙龙活动,静安的同伴小组实施了更多专业性小组活动,以班杜拉的社会学习理论为基础,通过同伴之间的相似性,运用榜样的带头和示范作用产生同伴影响,使同伴能够更好地接受信息并发生改变。为此,小组选出了已回归5年且康复情况良好的人员作为组长,这个组长比较具有典型性和说服力,且表达能力较强,社会阅历丰富,有一定的凝聚能力,并且接纳了不同类型的组员参与小组活动,总目标是通过同伴自助的理念,以小组工作的方法来探索人员康复治疗的新模式,缓解他们的孤独无助的情绪,消除陌生感,增进交流,提供支持,传递希望,建立信心,让

---

① 费梅苹：《本土化视野下社区戒毒康复社会工作服务研究——以上海同伴教育为例》,《华东理工大学学报(社会科学版)》2017年第1期,第33—42页。

他们逐步恢复社会功能。历经走进小组、在同伴中成长和在专业指导下走向康复提升三个阶段,8次小组活动为康复人员带来了巨大改变。小组活动结束后,社会工作者对同伴示范员的角色和功能有了真切的认识,也意识到了培养同伴示范的重要性。

这个时期的同伴教育活动具有半专业性特点,在服务目标上体现了自助互助特点,比较注重同伴示范的作用,服务内容方面也比较丰富,已经形成了初步的认识,积累了实践经验,但尚未进行理论提炼。总的来说,这是由社会工作者在实践中摸索出来的服务模式,本着接纳、尊重、助人自助的原则,在实践中通过挖掘、培养、提升服务对象的动机和潜能来促进他们的戒毒康复,同时同伴教育的成功举办也是政府推动支持的结果。

(2)同伴教育的基础培育期是2007—2012年,这一时期的标志性事件是"涅槃重生同伴教育小组"的成立。自静安区同伴自助小组得到发展之后,上海市自强社会服务总社也开始发展同伴教育服务。通过制定培养同伴辅导员的计划,依托热线平台,2007年7月20日第一期"涅槃重生同伴教育小组"成立,这也是同伴教育服务第一次在结构性小组下开展,提出了"助人就是自助"的同伴教育理念。2008年9月2日,第一期小组结束,由高校教师、政府官员等组成评估团进行了成效考核,8名组员成为第一批同伴辅导员。2009年3月,自强社会服务总社成立了第一期"心荷同伴教育小组",共完成了17次小组活动,同伴康复人员作为同伴进入小组中传递信心和经验。让同伴教育小组作为所内和社区无缝衔接的纽带,为强制隔离戒毒所内的戒毒同伴传递了希望和信心。2009年上海自强社会服务总社以"涅槃重生"同伴教育辅导计划申请项目参加上海市社区公益创投大赛并竞标成功,组建了同伴辅导员队伍协助社会工作者开展提前介入,以项目化方式运作来帮助更多的戒毒康复人员回归积极的生活状态。在这个过程中他们改变了自我的认知,提升了价值感,找准了自身的定位,重建了社会责任感,明确了戒毒动机,重构了自身生命的意义,增强了戒毒康复的信心,提高了对毒品诱惑的抵御能力,并且创造了有利于保持操守的家庭环境、就业环境和社会环境。同伴技术培育和同伴教育服务具有专业化特点,探索运用以小组工作方法为核心的专业社会工作方法,鼓励戒毒人员自谋职业。在服务目标方面由原来的"自助、互助"提升到"助社会",形成了"自助—互助—助社会"的结构以实现生命意义的重构;在服务内容方面更具有逻辑性和目标性,通过价值观的修缮实现态度的提升;在理论体系方面形成了以生命意义重构为主导,以社会学习理论为基础的上海同伴教育小组服务模式;在服务领域方面由社区康复领域拓展到强制隔离戒毒所、就业基地等更大的范围、更广的领域。

(3)同伴教育的快速发展期是从2012年至今,这一时期的标志性事件是"叶雄工作室"的成立,这有利于同伴教育开展规模化、规范化运作。从2009年启动并发展至今的"心荷同伴教育小组"日趋发挥出独特的康复作用,营造着积极的所内环境氛围,形成了强制隔离戒毒与社区康复衔接的新模式。其主要做法是,将社会工作的小组方法和强制隔离戒毒所内的管理相结合,通过同伴示范的介入让组员看到戒毒的希望并坚定戒毒的信念,向组员传递一些新的积极价值观。在小组活动中,开展诸如"我们在这里启航,善用情绪自我升华,战胜不良思维"等思考主题活动,协助组员树立并保持他们的操守意识。这些活动在强制隔离戒毒所中实施后,操守保持率稳定在90%以上,明显高于同期对照组的55%。2013年4月叶雄工作室成立了"海星同伴巡讲团",在原有项目基础上,把同伴小组、同伴信箱等专业服务带进强制隔离戒毒所内,实现社会工作者和同伴辅导员共同开展服务。2014年6月,上海市女子强制隔离戒毒所、上海市青东强制隔离戒毒所、上海市崧泽强制隔离戒毒所挂牌成立了海星同伴教育基地。海星同伴巡讲团成为一个专业品牌。快速发展期的同伴教育以小组工作为核心的专业方法得到了运用,同时牵手同伴、沙龙设计、宣传设计、倡导社会等活动,运用个案工作方法和社区工作方法等,发挥着重要的技术效应,进行了多种方法的整合,项目化运作手段方法更加系统化。在服务目标方面,通过自助、互助、助社会,使生命意义重构的定位更加清晰;在服务领域方面,向服务对象本人的家庭和外省市拓展,促进全国范围的专业发展。

从梯度融合开始,塑造一个强制梯度渐次递减的环节,让戒毒人员在强封闭的隔离空间中逐渐适应社区空间的开放性,同伴教育无疑就是提前进行社区适应的重要载体。同伴教育的切入是实现从康复指导站到社区康复环节无缝衔接的重要内容。

2. 涅槃重生与生命重塑:社区同伴教育模式

笔者有幸参与了上海市禁毒志愿者协会叶雄老师带领的"涅槃重生同伴教育小组",进行了全程的参与式观察,并对相关同伴进行了访谈。根据调研资料的梳理、分析,可以得出以下判断:同伴教育是重要的戒毒参与力量,小组的产生和发展都有着同伴的参与和介入,最早发起于其他领域的同伴教育渐渐在戒毒领域站稳脚跟。同伴教育是一个封闭的小圈子,但又对外接纳新的同伴,良好地契合了从封闭空间转向开放空间的要求。上海的禁毒同伴教育活动,最早以沙龙形式开始,逐步发展走向项目制、工作室制,以"自助—互助—助社会"为核心理念,进行了一系列扩展活动,而这一理念的发展也契合了从封闭走向开放的趋势。自助时,每个人都是封闭的,关注自我的状态;经历这个阶段之后,从自助走向互助,在彼此之间增加了一定的开放性,开始关注伙伴之间的状态,由封闭走向半封闭;从互助走向助社会,则标志着新阶段的开始——趋于开放,解决了自身的问题,开始和这个社会握手言和,为社会做出一定的贡献。

上海同伴教育模式,从2010年"涅槃重生同伴教育"项目实施开始,诸多类型的活动成为其独特亮点。爱心公益型的同伴教育主题活动,让同伴辅导员候选人感受到社会的关爱,激发他们的公益热情;感恩回报型的活动让他们通过搜集平时一些感动的瞬间,让他们用自己的实际行动,通过感恩来体会重获新生的感动,强化他们的勇气和信心;团队互动型的活动通过团队暖身活动让他们感受到自己是整个团队中不可或缺的一分子,有责任为了同伴的康复而付出努力;学习成长型的活动通过比较有启发的小组活动感悟人生道理,并在这个过程中学习新的技能;回顾展望型的活动通过分享在项目中的收获和成长,一起展望同伴教育的未来,让他们对未来充满信心。

上海同伴教育的主要构成要素可以分为理念、目标、理论和内容等几大方面。理念是"自助—互助—助社会";目标是"通过重构生命意义,实现回归社会";理论是社会学习理论、小组动力学和互动模式;内容是体现社会共性和社会价值的公益活动,感受真善美的体验活动,对态度认知、行为技巧的修正活动;形式是同伴教育小组、沙龙活动、同伴星火计划、同伴讲演、专题活动、同伴之窗等;制度是政府支持、社会组织指导、社会工作者实施及社会多方参与。

从理念上来看,同伴教育的理念是"自助—互助—助社会",是上海社区戒毒康复同伴教育服务在遵循社会工作助人自助理念的基础上进行的界定。总体来说,同伴教育服务借助小组互助的形式开展同伴间的模范榜样支持互助,组织同伴大量参与服务同伴、服务社会等公益活动过程中,同伴自身的效能感逐步提升,生命意义实现重构,并实现持久保持操守和顺利回归社会的最终自助目标。重新定义生活,内心就会产生强烈的康复动机,同伴之间相互支持、相互担当的团体的动力,以帮助他人和服务社会为崇高的使命感和责任感,会让他们在保持操守的同时也实现康复。

同伴教育的目标是"通过重构生命意义,实现回归社会"。1946年弗兰克创造了意义疗法,实现人性的自我完善,并学会寻求帮助和寻找意义,是意义疗法追求的核心目标。[①] 人们在追求意义和创造意义的过程中,不断追求创造新的主体立场和存在方式,就是通过不断的改变形成新的价值标准。这种标准是一种既定的主体立场和主体性存在的标志,不仅体现在主体对客体的要求上,也体现在主体对自身的要求上。这种要求十分全面,人的主体性不仅体现在人的理智方面,也体现在人的意志和情感方面。人们对事物的意义的理解不是仅用理智,而是用整个身心,包括意志、情感,从而去追求、体验和创造。人的价值标准不仅是理智的,而且包含理智、意志和情感三个方面,这三个方面精神能力的内在统一,决定着真善美三个方面的价值标准的内在统一,指引人们的精神及其追求的意义世界。全面发展社区同伴康复戒毒,在此教育过程中理智、情感、意志三个方面不断提升,帮助同伴们提升对真善美三个方面价值标准的判断,实现对意义世界的建构,从而实现同伴教育较好的康复效果,因此其服务的核心目标就是重构生命意义,这也是十多年来上海同伴教育实践的经验总结。

上海同伴教育的理论包括生命意义重构理论、社会学习理论、小组动力学和互动模式。依托弗兰克的生命意义理论,生命意义的建构可以通过三种不同的途径。第一,通过创造和工作使人们的特殊性和对社会的贡献体现出来,这是人的价值创造的实现;第二,通过某种心理感受来体验真善美、体验价值;第三,通过对不可避免的苦难所采取的态度去实现最深的意义和最高的价值。生命意义重构理论是同伴教育服务的内容设计的主要理论依据;小组动力学强调的是小组互动过程中的关系,互动动力要素成为保障,同伴教育是通过小组互动达到互动成效的重要因素。在服务开展的过程中,班杜拉的社会学习理论成为同伴教育服务活动,特别是同伴辅导员培训过程中的重要依据。班杜拉认为人的行为是具有目标导向的,他认为人的行为可以改变其态度,同时也相信人们可以控制自己的行为,这些理论观点成为同伴教育的重要指引。

同伴教育的内容体现在开展具备社会贡献和社会价值的公益活动,感受真善美的体验活动,对态度、认知、行为、技巧等的修正活动。[②] 从十多年

[①] 维克多·弗兰克尔的疗法成为上海同伴教育模式总体架构的理论框架,通过这个理论,生命意义可以从三个方面获得:第一,从我们给予生活的东西中,我们的创造物中;第二,我们向世界索取的东西中,就是我们认为有价值的;第三,我们对命运所采纳的立场上。具体参见:〔美〕维克多·E.弗兰克尔:《追寻生命的意义》,何忠强、杨凤池等译,新华出版社2003年版,第146页。

[②] 叶雄:《她从生命的悬崖边走回来——"同伴教育"在"隐性滥药者"康复过程中的尝试》,《社会工作(实务版)》2008年第5期,第45—48页。

上海同伴教育的实践来看,特别是"涅槃重生同伴教育服务"的项目经验来看,社会工作者组织各种公益活动,通过角色扮演、案例讨论和示范学习等多种形式,在认知和态度等方面给同伴以治疗和修正,不仅改变了他们对他人、对自己、对人生和对社会的态度,也对构建生命的意义发挥了非常好的治疗作用。建立社会支持网络,帮助同伴逐步成长,基于对生命意义建构目标的坚守。通过对上海同伴教育服务经验的总结,同伴教育服务的主要内容包括以下三个方面:第一,开展就业辅导服务和各类公益助人活动,体现社会贡献和社会价值;第二,开展各类服务体验活动,感受真善美、感受爱并体验价值;第三,开展各类修正态度、认知、行为、技巧的专业服务活动。在实际调研中,通过对禁毒社会工作者的访谈发现,真情和爱是能够促使康复者保持操守的重要因素:

> 我们这里有一个人因为有糖尿病而不能进强戒所,所以每次抓每次社戒。我来了两年半,他被抓来四次。有一次我在小学门口看到他,他接儿子,那个时候我就想用这个点去跟他聊,说"你这样子给你儿子树不好的榜样"然后就跟他一直聊,聊了以后他说"我觉得应该是从心理上要坚持"。现在还好,已经维持一年多没有被抓进去了。(2019HZSG09)

从梯度融合到同伴教育,为戒毒人员从强制隔离戒毒所这一封闭环境走向开放奠定了基础。康复指导站的半封闭空间的设置,同伴辅导的过程空间变化,其实质上就是呈层级、梯度状为戒毒人员回归社会设立了相对完备的机制。

二、空间对接:从梯度融合到有机对接

(一)空间对接与所社互动

从梯度融合到有机对接,实质目标是要实现所社的无缝衔接。通过对边界问题的把握,消除边界,建立所社互渗的制度体系。目前已知的无缝衔接做法已颇具雏形,2018年5月29日召开的全国司法行政戒毒工作座谈会明确要建立全国统一的戒毒工作模式。会上明确提出通过2—3年的努力,建立分期分区为基础的全国统一基本工作模式,注重工作标准和流程的一体化,统一设置"四区五中心",包括生理脱毒区、教育适应区、康复巩固区和回归指导区,同时建立集戒毒医疗、教育矫正、心理矫治、康复训练和评估诊断于一体的五个中心。

以分期分区为基础设置的五个中心,与之前的强戒模式不同,在传统的强制隔离戒毒所内形成的制度是齐一性的,然而在强制隔离戒毒所内形成的是一种强度逐渐弱化的工作体系。在评估的基础上,根据戒毒人员的表现进行等级划定,部分戒毒人员可进入社区戒毒生活,如此形成一个以强制度等级为尺度、规范化的工作体系,形成梯度融合的一个方面。梯度融合的另一个方面是社区,在社区中的戒毒人员由于社区自身具备的平等的特征,可以大限度地减少社会适应不良的现象,在社区康复制度的基础上,构建与强制隔离戒毒相对应的、相渗透的社区制度体系,这一体系与强制隔离戒毒所内的相反,在对接方向的强制度上不同。当这种强制隔离戒毒制度与社区康复制度互渗形成梯度融合的戒毒康复制度时,断崖消失,戒毒人员的社会适应问题内在地得到解决。

概括而言,所谓梯度融合就是强制隔离戒毒机构的梯度社区化,社区康复的梯度强制隔离化,在社区化与强制隔离化部分形成强制隔离戒毒一部分与社区康复一部分的互渗与重合,真正实现无缝衔接。

从无缝衔接的空间状态来看,从所内进入所外时,会存在一个出所前的状态,笔者将其称为临界空间。临界空间指的是介于封闭与开放之间的一种状态,这种状态十分短暂,往往存在于空间转换的一瞬间,将一瞬间的时间线拉长,临界空间所生成的制度就是无缝衔接所要解决的核心问题。在这个空间中,从封闭走向开放,空间的转变造成戒毒人员适应的不良,会产生诸如断崖式返回等问题,而该问题就是在这个临界空间所要解决的核心。提前介入与同伴教育便发生在此环节。无缝衔接的"无缝"即意味着从封闭空间到开放空间的衔接是一个很紧密的过程,二者之间的临界空间是一种极度缩小的状态。在开放的空间中增强其封闭性,在封闭的空间中增强其开放性,这就是临界空间的形成。在临界空间中会发生以下三个方面的变化:

1. 出所后进入社区前的心理边界被打开

临界状态是截取出所前的一部分和出所后的一部分,主要是心态的转变和关系的断裂与恢复。在强制隔离戒毒所这一封闭空间内,不仅存在身体上的束缚,也存在一定程度上的心理束缚,戒毒人员的心理情绪状况处于一定的紧张状态。在出所前后,戒毒人员的心理边界会在一定程度上被打开。在即将出所时的临界状态,戒毒人员的心理由原本在强制隔离戒毒所内的禁锢状态转化为趋于开放的状态,心理的边界逐渐被打开。

心理边界被打开主要有两个方面的原因:一是封闭空间有禁锢心理的作用,从封闭空间走向开放,将封闭空间打开,心理空间也趋于开放。从空间的角度来看,封闭空间本身就代表着一种禁锢,在这种封闭的空间内,戒毒人员没有自己的自由,他的思想是处于被管制的状态,每天做什么事情都已经被规定好了,不会有什么自由。二是规则约束的消失,造成了心理空间的打开。原本的规则制度就像一道道枷锁,束缚在戒毒人员身上,从封闭的强制隔离戒毒所走出之后,原有的规则束缚骤然减弱乃至消失不见,被禁锢的心理边界被打开。

2. 出所后进入社区前的关系边界被打开

关系边界的打开表现为原有断裂关系的恢复与重建。在强制隔离戒毒所内的关系是禁锢的,管理人员与戒毒人员只有管控与服从的关系,戒毒人员与外界的联系也趋于切断的状态,出所后,关系走向恢复和重建。主要表现在两个方面:一是戒毒人员与管控人员在所内是一种纯管控式的垂直关系,出所后,关系变得更加多元,由单纯的管控者转向管控与服务并存的状态。二是戒毒人员与所外的关系,由最开始的断裂状态到逐渐恢复重建,出所前戒毒人员开始逐渐做出所准备,建立新的社会关系。

3. 出所后进入社区前支持体系的转变

心理与关系皆为微观层面的改变,立足于中观与宏观的层次则要看社会支持体系的建立与支撑。从出所前后的社会支持体系来看,出所前的支持较为单薄但强力,出所后走向多元但薄弱。主要体现在以下两个方面:

(1)在出所前,戒毒人员的社会支持体系几乎为零,零星的家人支持与所内的强力管控对其日常生活具有深刻的影响,在这单薄的支持体系下,戒毒人员只能依靠所内的强力管控保持操守。

(2)在出所后,强力管控消失,此时的戒毒人员有两个走向,若社会支持体系建立不及时,容易造成支持力量匮乏,造成戒毒人员的复吸;若此时家庭、同伴等社会支持体系介入及时,则会形成新的支持体系,促使戒毒人员保持操守。

(二)空间设置与对接

在空间的整合与对接方面,不同时空的设置不同,接下来对空间设置进行分析。在封闭空间与开放空间中,两种完全不同的空间状态进行对接和互渗,形成整合的分配范式。

如何做到半封闭空间与半开放空间的有机对接?其核心要义在于构建半封闭半开放空间。强制隔离戒毒所是一个完整的封闭空间,所内的社区建设开辟了半封闭空间,从三期四区的出所适应区到在所内建社区,这就形成了一个半封闭的空间。此空间中成员的行为习惯和要求在逐步与社会接轨,与在所内的状态有所区别,这就与开放空间的对接形成了一个梯度,半封闭空间则形成了一个适应区。从所外这一方面来看,社会作为一个开放空间,在社区康复时戒毒人员受到的管控力度与频率大幅下降。为了避免从封闭空间走向开放空间的断崖式下跌与反复,在所内已设置半封闭空间的基础上,在所外开始构建半开放空间,在社区内建立康复指导站、开展同伴教育等都是半开放空间的组成部分。以同伴教育为代表的半开放空间的形成,使得此空间中的戒毒人员有了一定的归属感和价值感,同时对其有一定的约束作用,这一力度介于所内与所外之间,为两者的衔接梯度加固。从而在完全封闭走向完全开放的断崖式下跌中形成梯度,半封闭空间与半开放空间之间的对接则显得更为平顺。

半开放空间与半封闭空间对接的具体设置如下:在强制隔离戒毒所内设置的社区包括出所适应区与所内小社会。在这个环境中,戒毒人员与这个环境的互动形成了半封闭空间,此时的戒毒人员已经完成了在强制隔离戒毒所内的大部分功课,经历了生理脱毒和心理脱毒的他们对于毒品的负面效果已经有了充分的认识。此时他们需要的是如何安全平稳地回到社会,于是所内半封闭空间应运而生。在这个半封闭空间内,他们不仅可以学习相关的职业技能为回归社会做准备,同时会提升亲友探视的频率,及时修复家庭关系;相关的志愿者团队在所内进行宣讲,提前建立关系,建立长效机制,社区接管机制。提前派代表入所与戒毒人员熟悉,是为了方便下一步管控与服务,既可防止人员脱失,又能在一个有官方背书的环境下与戒毒人员建立专业关系,方便日后的工作展开,如此就形成了所内半封闭空间的格局。在这个空间中的人员互动相对轻松,没有所内强制隔离戒毒时的规矩森严,处在一个中间范围的位置上,将管控力度调低了一个梯度。正如访谈资料中所言:

> 对戒毒人员评估打分时,有一个分级、分类的管理。比较危险就定为一级,普通的就定为二级,一般的就定为三级。一个季度评估一次,比如说他出现高危或者其他什么情况,就要向上调或者向下降。(2019HZSG09)

> 3年的时间一到,先要开个解除意见函,其中包含我们对他3年的总结。然后先交给派出所,凭派出所意见可以解除。派出所再上交到区禁毒办,收到反馈。出所衔接时,一定要有民警、家属,还有所在社区的社工、他的心理医生,相当于构成了一个小组。(2019HZSG08)

社区的半开放空间对接设置如下:在社区内设置"康复指导站"的场所

可以是社区康复场所与戒毒人员定期尿检等场所的结合,同时加入同伴教育的元素,形成一个半开放空间——与半封闭空间在同一梯度的同时,也不同于开放空间的随意性,在半开放空间中有一定的管控约束力度。半开放空间中的互动与半封闭空间相似,两者处于同一梯度的衔接,从半封闭空间中的提前介入开始,出所必接,走入半开放空间,与戒毒人员签订社区康复协议,戒毒人员遵守规定定期尿检并加入同伴教育,在较为密集的活动互动下,对戒毒人员形成一种天然的管控,降低其脱失风险。在半开放空间中频繁参加各种具有仪式感的活动,巩固其对此空间的归属感与自身价值感,如此良性循环逐渐适应出所后面临的相当程度管控的半开放空间,如此梯度下将风险降至最低。经历了这一环节,戒毒人员能够更好地走入社会,走向开放空间,实现良好的社区康复与回归社会,生活重新踏入正轨。

第六章　强制隔离戒毒到社区康复无缝衔接制度重构

强制隔离戒毒到社区康复无缝衔接应该贯穿整个流程,从进入强制隔离戒毒所的那一刻开始,包括在强制隔离戒毒所内对戒毒人员进行生理脱毒和心理脱毒,进行综合管控,再到进行出所前的适应准备,出所后、进入社区前对其进行心理建设及社区康复支持。将探究对象作为整体系统来对待,从整体出发来研究系统整体及其各组成要素的相互关系,从本质上把握其结构、功能、行为和动态,以把握系统整体,从而达成最优的目标。基于制度空间理论的分析框架,新的空间的生成会衍生出新的制度,在"所内社区"与"区内设所"的所内所外梯度融合形成的半封闭、半开放空间下,与之对应的制度从其流程、主体、内容到形式上都应该有着新的安排,在空间转换下引发的制度重构成为本章的核心内容。

一、强制隔离戒毒到社区康复无缝衔接实践的基本流程重构

(一)强制隔离戒毒到社区康复无缝衔接实践的六步走流程

从强制隔离戒毒到社区康复无缝衔接的基本流程看,各地都有其独特的做法,在当地形成一个严密的闭环。但现有的流程多是根据当地实践形成的,适合当地模式但不具备通用性。笔者根据各地零散化的实践流程,总结形成一个通用流程模式,其类似于社会工作从接案、预估、介入到结案的通用过程模式,形成强制隔离戒毒到社区康复无缝衔接通用流程。

强制隔离戒毒到社区康复无缝衔接制度首先要形成获取名单、资料收集、所社衔接、制订方案、入所衔接、出所衔接六位一体的工作流程。当这个流程形成后,规范化的操作会进一步为戒毒人员的操守保持提供支持。从强制隔离戒毒到社区康复的流程分为以下六步走:

第一步,获取名单。获取禁毒社会工作者服务地强制隔离戒毒人员名单是开展所社无缝衔接的前提,这些名单一方面可能转介于强制隔离戒毒机构,也可能转介于公安机关,还可能来自禁毒社会工作者主动的获取。在

访谈中提及获取戒毒人员的信息：

> 戒毒人员出所的时候，首先会接到一个通知，来自上级部门的区禁毒办或者强戒所的通知。一出所首先要联系上级部门并拿到决定书，我们拿到决定书以后先上门走访，要核实一下这个人的基本信息。(2019HZSG13)

第二步，资料收集。当禁毒社会工作者获得相关名单后，他们会进入强制隔离戒毒人员所在的社区、家庭进行调查，收集强制隔离戒毒人员的相关资料，深入了解和分析人员状况及其拥有资源的基本情况。在访谈中提到信息核实环节，禁毒社会工作者会在这个过程中收集资料：

> 出所之前要对基本信息进行核实，基本信息核实完以后，就会知道他家里人的信息。得知他的家属信息后上门走访，了解他的基本情况。因为我们要跟派出所进行出所衔接，有些家属要求跟我们一起前去，或者要我们带东西过去。这时候就可以跟家属搞好关系，这样在之后通知家属时会比较方便，关系相处好了有利于之后工作的开展，不然门真的很难进。出所衔接结束就要签订协议，我们把人带回来就直接签订协议。(2019HZSG13)

第三步，所社衔接。在此前工作的基础上，禁毒社会工作者与强制隔离戒毒机构进行衔接，从而进一步了解强制隔离戒毒人员的情况。所社衔接在实践中表现在沟通方面，家访与所社衔接紧密联系：

> 强制隔离戒毒所会提前告知我们，说我们街道的某人要出所了。我们收到这张联系函以后，跟派出所沟通，跟社区沟通，跟家属沟通，跟各方都联系好后，当天要到强制戒毒所去接这个人。入所衔接的小组包括戒毒社工、民警、医生。去接之前，先要到他家里去家访。(2019HZSG13)

第四步，制订方案。经过分析评估后，禁毒社会工作者与强制隔离戒毒机构合作，根据实际情况制订相应的所社无缝衔接方案。在制定方案的过程中，根据与戒毒人员交流的实际情况及家访获取的素材来进行处理：

> 首次家访要了解一下这个人的一些情况。首次家访做好以后，跟

家属、社区民警、社区干部一起去接人,接回来以后签订一份社区康复协议,协议里会规定相关内容,比如多长时间尿检一次,多长时间谈话一次,多长时间家访一次。(2019HZSG13)

第五步,入所衔接。禁毒社会工作者进入强制隔离戒毒机构,实施无缝衔接方案。在入所衔接的环节中,由戒毒社工、民警等共同组成专业团队进入,对戒毒人员进行服务。

第六步,出所衔接。出所必接是指当强制隔离戒毒期满,戒毒人员从强制隔离戒毒机构出来时,禁毒社会工作者必须到场接回戒毒人员。接所人员的数量取决于具体情况,最佳方案是禁毒社会工作者与警察、家属共同接所,接到何处取决于当时的具体情况。在这个环节中,对出所衔接环节的协议签订有一定的要求,以防止脱失,在实践中已有相关探索:

签订协议时工作小组的人员都要在场,出所衔接的时候通知好的这些人,在我们接回来时再一起签订协议。我们以前是没有出所衔接的,这个人放出来以后就找不到了,签订协议也没办法。所以我们要去接,后面做什么那是后面的事情,至少我们签订协议了,后面脱失就是违反协议。但至少要签订协议,签订协议之前我们要成立一个小组,成立小组有助于开展工作。(2019HZSG15)

(二)构建无缝衔接工作链条的路径探索

从强制隔离戒毒到社区康复,构建一个完整的链条需要多部门积极配合协作,强制隔离戒毒机关要做好联系和协调的工作,在整个环节中做好链接的工作,构建从强制隔离戒毒到社区康复的一体化无缝衔接工作机制,形成完整的戒断链条。

1. 强制隔离戒毒全程积极跟进

要探索强制隔离戒毒到社区康复无缝衔接一体化的戒断模式,首先要追溯《禁毒法》和《戒毒条例》赋予公安机关的权力,《戒毒条例》为强制隔离戒毒到社区康复无缝衔接提供了可能。在戒毒人员被实施强制隔离戒毒的决定后,司法行政强制隔离戒毒机关立即执行。如此,既能形成执法程序的遵守与优化,又可以对权力形成有效的监督和制约,节约成本且高效,发挥司法行政强制隔离戒毒的专业优势。与此同时,对特殊戒毒人员,例如艾滋病人、病残人士,进行专所管理,对特殊戒毒人员"专收专管",最大限度做到"应收尽收"。

2. 回归衔接力争无缝

在出所前的过渡期,应进行出所衔接管理。《戒毒条例》对出所人员的管理有所规定。经历了两年的强制隔离戒毒期,长期的封闭隔离导致戒毒人员与社会脱节严重;从强制隔离戒毒所这一封闭的空间到社会的过程中缺乏衔接过渡;面临着家庭回归困难等诸多问题;面对来自家庭和社会的诸多困境,戒毒人员容易逃避正常的人际交往沟通,厮混于原本的毒友圈,造成又一次的复吸现象。过渡衔接机制的建立,就是为了防止这一现象的产生。在真正回归社会之前,先建立一个"模拟回归",形成强制隔离戒毒人员的"适应期"。再依托于各个强制隔离戒毒所,打造过渡中转基地,进行集中的康复培训,组织开展职业培训等,并带领戒毒人员进入社区体验生活,针对性地提升其自理、就业、社交等能力,邀请相关企业、爱心人士、亲朋好友、志愿者等到中转基地交流,通过彼此的互动,来推进戒毒人员的适应能力培养、人际交往能力提升、社会接纳整合力的锻炼等,将其从"隔离人"转变为"社会人"。

在进入社区前,要对上一环节进行巩固。《戒毒条例》对社区康复作出相关规定,但受到组织机构、办公场所、人员配置等条件的限制,社区康复工作人员在已有的条件下难以得到妥善的安置,造成脱管或复吸现象。为了解决此类问题,各地方有相应措施,例如:2012年重庆颁布《重庆市禁毒条例》,规定不具备社区戒毒条件的场所可以由乡镇人民政府、街道办事处委托的可以实行社区化管理的场所施行。强制隔离戒毒所与禁毒办共同成立戒毒康复工作领导小组,领导小组把控全局,在强制隔离戒毒所内设立社区戒毒社区康复矫治中心和办公室,进行工作协调和处理。设立的中心通过委托协议的签订、就业帮扶、操守保持强化等环节建立完备的工作体系,进行多方联动,搭建平台进行专业化运作,依托于平台进行戒毒康复专业化发展,推进强制隔离戒毒与社区康复无缝衔接。在无缝衔接的过程中,毛发检测和尿检是保证这一环节顺利实行的有效利器。正如访谈中所言:

> 毛发检测也是半年一次,因为毛发检测的效果是半年以内有效的,半年之内吸过毒,毛发里面都可以检测出来的。所以我们每隔半年检测一次。尿检视情况而定。对于社区戒毒人员的尿检,一个月一次,三个月内必须有一次突击尿检。如果我觉得你这个人嫌疑比较大,那三个月之内一个礼拜给你做一次也有可能,或者是一个月给你做一次突击尿检。但规定是每一期都不少于一次突击尿检,第一年是一个月一次的尿检,第二年是两个月一次,第三年是三个月一次。社区康复第一

年是两个月一次,但是跟突击尿检一样,如果你违反协议了,我们就按照社区戒毒协议上的规定来。如果你违反三次了,我叫你来尿检,你三次没有来尿检,那我们都可以按照你违反社区戒毒协议去处理,强制给你戒毒。哪怕抓到你以后尿检是阴性的,也可以给你社区戒毒。戒毒人员如果违反协议三次,我们就要把他转成社区戒毒人员,协议上就是这么规定的。(2019HZSG10)

通过毛发检测以及尿检的威慑,再辅以人性化的服务措施,将强制隔离戒毒到社区康复的衔接环节做到无缝,更好地帮助戒毒人员回归社会。

3. 驻站指导与康复管理贯通

在整个无缝衔接制度框架的构建下,应积极探索社区戒毒康复指导机制。国家禁毒委等十部门联合下发《关于加强社区戒毒社区康复工作的意见》,指出当前社区戒毒康复中存在的一些问题成为整个戒毒工作中的薄弱环节,为解决这一困境,应设立戒毒康复指导站,以戒毒民警驻站或流动驻站进行指导,推动戒毒康复指导进入实体化运作,对社区戒毒康复指导站全面覆盖,进行专业化指导,开展对于社区戒毒康复社会工作者、义工、志愿者的培训,引导其参与指导站工作,为戒毒人员提供帮扶与保障。

除此之外,应进行康复管理的一体化贯通,探索一体化运行管理机制。目前由于强制隔离戒毒是由公安机关和司法行政机关的戒毒场所分段执行的,并且自愿戒毒、社区戒毒、社区康复是割裂开来的,彼此间的领导难以统一,彼此的工作衔接不完善、不及时、不顺畅,职能有重叠,增加了成本又使整个链条不完整。设置全社会统筹协调发展机制,促成强制隔离戒毒、社区康复、自愿戒毒等板块工作由一个部门统一指导,形成一体化格局,而非单一的强制隔离管理职能。制度设计应打破部门壁垒,克服障碍并整合多方资源,实现在禁毒委员会的带领下、公安部门带头管控、司法行政部门带头管理的完善的禁毒工作机制体系。在机制完善后,可以为已有的实践提供一定的标准。

无缝衔接其实带有强制性的,我们必须和警察把这个人接到。接来我们站点,然后就会进行建档,讲解社区康复的各方面相关规定,并让他签协议书。因为协议上的规章制度要求他们每月定期报到、尿检。会有人违规,也会出现一些复吸。复吸的话,就再送去强戒,这是肯定的了。送去强戒也分几种情况,一种是正常入所强戒;一种是患病的,不能强戒,所以会判社戒。社戒的过程中,也可能出现死亡的情况。另外一种是因为工作或者生活去到异地了,不在我们的辖区内,那么按法律的规定就需要把这个人的档案移交过去。异地的话就需要两地之间流程的衔接。他的戒毒期还没满,但他已经迁到外地去了,然而他的社康社戒还是要继续的,只是不在我们这里了,而要去到他所居住或者生活的地方了。(2019FSSG02)

正如前文所言,在实际的无缝衔接实践中,依然存在着诸多问题,需要对制度化的内容环节进行提升和完善,以达到更好的衔接和回归效果。由此形成的通用流程及路径,则成为戒毒人员回归的重要保障。这种通用流程是具有一定的普适性的,但并不是说可以套用到所有地方的实践中,具体使用需要根据当地实践进行灵活调整,但基本的框架逻辑是适用的。

(三)强制隔离戒毒到社区康复无缝衔接实践流程重构的保障

1. 强制隔离戒毒与社区康复社会工作的相关法律规范

强制隔离戒毒与社区康复社会工作相关的政策法律是强制隔离戒毒与社区康复无缝衔接通用流程形成的重要保障。无缝衔接的法律规范应该是系统的规则体系,同类的法律文件相互支撑,弥补彼此间的冲突与缺陷,不至于产生漏洞。然而目前《禁毒法》的相关配套法律规范甚少,如此就造成了在实际工作中所能依据的法律文件极少,执行具体工作时缺乏明确的法律依据,从而限制了相关工作人员的工作范围,也挫伤了其工作积极性。例如,在对吸毒成瘾的认定标准、戒断效果的评估中都需要一个明确的标准,这样会使得戒毒康复工作人员、禁毒社会工作者等在工作时更加有底气和信心;能够严格执行社区戒毒的管理制度和条例,注重对戒毒人员的动态管控和信息更新维护,对于不执行或者违反协议的戒毒人员采取强制隔离戒毒措施等,如此才能够保障其自主性和管理性的统一,保障强制隔离戒毒到社区康复无缝衔接工作的正常运转。

禁毒社会工作是一项对专业性要求极高的工作,不仅需要对戒毒人员提供康复性的服务并进行帮扶救助等,而且要进行协调与协作,协助相关部门进行禁毒宣传和管理。禁毒社会工作的发展要争取各相关部门的支持,从中央到地方都出台了一系列政策文件,如2017年国家禁毒办等12个部门联合发布了《加强禁毒社会工作队伍建设的意见》,明确规定了禁毒社会工作者队伍的运行发展机制和工作保障体系,但是已有的配套政策尚未健全、完善,尤其是在制度建设、财政扶持机构发展、机构岗位设置等方面都需要进一步的政策制度配套完善与保障。除此之外,应该高度重视禁毒社会工作者队伍建设,将发展禁毒社会工作纳入地区发展的整体规划中,加大力度购买禁毒社会工作服务,为强制隔离戒毒到社区康复无缝衔接社会工作制度发展提供良好的资源保障。

2. 强制隔离戒毒与社区康复场所支持

强制隔离戒毒与社区康复场所的成立是强制隔离戒毒与社区康复无缝衔接基本流程实践的基本场域,财政支持为这一基本流程提供了基础。整个无缝衔接是在两个空间中实现的,一个是强制隔离戒毒所这一封闭空间,另一个是社区这一开放空间,即在所内设区以及区内设所,在封闭与开放之间开辟半封闭和半开放的两个空间,实现无缝对接。目前,这两个半封闭和半开放的空间表现形式是在所内建立回归指导站,在所外建立康复指导站。二者在实践中的对接需要场地等资源的支持,即财政和设备的支持。正如前文所言,无缝衔接制度的建构需要场地支持,并且是在一定的场地中,场地的建设和运行都是需要财政投入的。国家对于戒毒场所的资金支持是无缝衔接制度生成的重要保障。

由于强制隔离戒毒到社区康复无缝衔接制度的运行涉及多个部门,因此,需要完善组织机构,如此才能保障工作的快速开展,实现高速发展;需要加强人员的专业培训,同时也要引进相关的人才,尤其是禁毒社会工作人才。由于这些都需要财政经费的支持,因此要大力强化经费保障。强制隔离戒毒到社区康复无缝衔接制度建设和运行,需要大量的财力、物力和人力的支持,资金的保障是目前面临的最大问题。在这个过程中的经费支出不仅有宣传、办公机构、场所设施、人员薪酬等显性支出,还有在制度运行中的隐性损耗支出。总而言之是一个相当可观的数字。由此,经费筹集应该多渠道考虑。坚持将强制隔离戒毒与社区康复的经费列入地方财政的专项经费,并进行合理分配使用;同时,也要鼓励社会企业和个人进行捐赠,通过税收扶持等政策,鼓励企业安排部分就业安置点,让戒毒人员可以通过自己的劳动与努力获取收入。经费保障是整个强制隔离戒毒到社区康复无缝衔接社会工作制度的基础,也是整个制度实施的坚强后盾。

二、强制隔离戒毒到社区康复无缝衔接制度主体重构

社区康复无缝衔接的制度主体是指在整个强制隔离戒毒到社区康复的过程中,参与互动并活跃于整个制度链条中的主体。要进行强制隔离戒毒到社区康复无缝衔接制度主体的重构,要明晰其主体的构成,剖析其演进路径,再进行建构和完善。例如,要加强强制隔离戒毒所和社会组织之间的连接,强制隔离戒毒所作为主体,是封闭空间的塑造者,而社区则成为封闭空间的终结者及开放空间的成立者。在强制隔离戒毒所中,可以由社会组

织派遣人员提前入所,进行相关的工作,使出所后的戒毒人员能够更好地回归。从一元到多元是无缝衔接制度的主体演进过程,主体代表的是在这个过程中参与互动的单位,多元主体的互动使得整个无缝衔接制度充满活力。

(一) 社区康复无缝衔接制度的主体构成

1. 强制隔离戒毒所

强制隔离戒毒所作为无缝衔接制度的重要行动主体,是整个制度的承载主体之一。作为行动主体的强制隔离戒毒所,依托于其自身形成的封闭空间,导致其行为模式具有封闭性和传统性。在整个无缝衔接制度建构过程中,作为封闭空间主体的强制隔离戒毒所,有其自身的矛盾和冲突。例如,在强制隔离戒毒的立法理念与实践中存在矛盾;在强制隔离戒毒制度中普遍存在着惩罚手段,与行政化介入等发生矛盾;在强制隔离戒毒所中,很容易形成因收戒力度过大,导致社会化戒毒措施的萎缩。

2. 戒毒人员

《禁毒法》与《戒毒条例》重构了以人为本的基本理念,对各种戒毒措施进行了整合,不仅设置了社区戒毒,并赋予自愿戒毒以合法地位,在多元方式并存的情况下,强制隔离戒毒与社区康复仍然是最重要的两种模式,由此在二者之间形成无缝衔接。这是整个戒毒范畴的创新,在强制隔离戒毒所中,最大限度地实现应收尽收、满员收戒,实行一定程度上的隔离为主、社区为辅的戒毒体系。强制性和封闭性是强制隔离戒毒最典型的特征,这种剥夺了吸毒成瘾者人身自由的方式,有利于成瘾者自身的急性生理脱毒和后续康复照管。但是这种强制性、封闭性的手段,导致戒毒人员的自我认同降到了冰点,其自我意识极差,在这个群体中形成了不良行为、人格变态、疾病传染等诸多负面影响。更为重要的是,由于戒毒人员与社会隔离的时间较长,回归社会的能力较弱,强制隔离戒毒所这一封闭空间中的生活,导致了对这一群体的刻板印象,在戒毒人员离开戒毒场所进入社区之后,会因为这一特殊标签而被制度排斥,他们被推往边缘化的地位,容易造成复吸。与此同时,在社区中没有适宜他们生存的环境,强制隔离戒毒极大程度压缩了社区康复这种社会化戒毒的生存空间,对戒毒人员戒断毒瘾、回归社会及保持操守带来了不利影响。在调研访谈中发现,戒毒人员离开强戒场所至进入社区的这段时间,也存在着脱管风险:

> 也不能叫脱管,叫下落不明。因为戒毒人员的手机联系方式变动较大。社区戒毒不可能像强戒约束力那么大,如果有手机变动,他不会

第一时间联系并告知我们,我们可能通过多种途径联系上他,但这段时间可能有一个空档期。(2019HZSG12)

3. 社区

社区作为开放空间的主体,其行动模式与强制隔离戒毒所内有所不同。此处的社区,指的是与强制隔离戒毒所相对应的主体。社区是社会管理与社会治理的基本单元,在城市社区的发展中,作为社会力量的社区社会组织参与社会治理越发成为一种趋势。进行社区社会组织的孵化和培育是生产社区空间的重要手段。社区空间并非只是纯物理学意义上的地理空间,还包括独立于政府和市场之外的公众广泛参与的公共空间。社区社会组织是社区空间生产的重要角色,为社区的良性发展提供重要动力。社区是社会的基础,社区治理体系的完善、治理能力的现代化、治理效能的提升,是不断满足人民对美好生活新期待、战胜前进道路上各种风险挑战的基点。强制隔离戒毒所与社区无缝衔接的实质就是封闭主体与开放主体的互构。发挥社区社会组织的作用,加强社区治理主体建设,构建社区治理主体系统。社区治理主体是一个复杂系统,包含政府、企业、社会组织、居民组织及居民等。在这些主体建设中,社会工作者是把多重零散主体构建为社区治理主体系统、使多重利益主体达到均衡的操作者。社区作为主体是一种开放性空间的主体,其与强制隔离戒毒所这一封闭空间主体的互动,形成了无缝衔接制度的基本模式。

强制隔离戒毒实质上是一种对戒毒人员人身自由的相对剥夺的强制性措施,具有一定的负面性且效果不够理想。为了维护公民的基本权利,实施有利于戒毒人员身心健康的行为,应该把强制隔离戒毒作为最终杀手锏。社区康复可以弥补强制隔离戒毒的不足,并且发挥对戒毒人员的管控作用,经过强制隔离戒毒后的社区康复环节,在开放的环境中进行戒毒康复,是社区康复的一大优点,也是致命的弱点。在社区康复中的人员不会脱离他原来的生活环境。在社区中进行戒毒康复,可以弥补他在强制隔离戒毒所这种封闭的环境中产生的诸多弊端,但也会加大他在社区康复中行为操守保持的难度。如果不能对在社区中进行社区康复的戒毒人员的行为进行有效管控,那么戒毒人员的复吸风险将会显著提升,而且有可能从事违法犯罪活动,这些都是不稳定因素。将戒毒人员置于社区这种开放式的环境中,可能会出现操守难以保持的情况。目前的社区康复,在一定程度上是依靠戒毒人员的自觉性来对其进行行为控制。因为社区康复组织相对不够健全,能够实现承担戒毒人员的监管责任的机构相对较少,基层政权组织和居委会、村委会的社会控制力逐渐降低,社区组织的发展相对不足,在这种情况下社区就难以承担戒毒康复的环节。社区戒毒工作人员对戒毒人员的管控与约束手段十分有限,仅靠社区一纸康复协议及批评教育,加上送往强制隔离戒毒的震慑,对吸毒成瘾者的约束力相对较弱。因此在进行社区康复时,要完善社区康复的执行主体,形成一种相对较为合理的方式,在无缝衔接制度中,各主体共同参与并明确分工,不同的主体发挥不同的作用。党组织发挥领导作用及政治优势,政府部门制定政策、提供资金支持、购买服务及培育扶持社会组织,社会组织发挥自身专业力量链接资源进行多元协调。

(二)微观行动主体:无缝衔接制度中的人员

无缝衔接制度中的微观行动主体主要包括与强制隔离戒毒所和社区康复相关的人员,具体指禁毒社会工作者、戒毒人员家属、各类志愿者、同伴及社区居民。

1. 禁毒社会工作者

对于场所内外的禁毒社会工作者来说,要充分发挥其整合资源、引领社会力量参与禁毒工作的优势、动员和引领作用。在整个戒断环节中,专业化的戒毒社会工作队伍是不可替代的核心工具和手段,专业化的运作模式为促成戒毒人员社会功能的恢复提供了强有力的保障。引入专业的力量,在整个戒毒过程中涉及方方面面的知识,比如毒品常识、药物成瘾机制等相关知识,也需要引入教师、医生、律师等相关的专业人士。专业人士的参与会发挥其专业优势,如医生会对毒品的特性危害等进行分析和解释,阐明相关毒品成瘾的机制,并为戒毒人员及其家属提供权威的医学知识,律师通过对禁毒法律法规的解释,拓展戒毒人员的知识面。发挥专业人士的力量,提供技术支持与保障,全方位、多角度地开展禁毒工作。

要构建禁毒社会工作制度,需要完善对禁毒社会工作者的教育培训,改善评价机制等方面。通过一些高等学校开设的课程为禁毒社会工作人才队伍储备人才,通过教育输送新鲜血液。由于目前大多数的社会工作者在从事禁毒工作时处于一个理论知识匮乏的阶段,而理论又是从现象中抽象出的概念,能够让从业者透过现象看本质,并且摸清其背后的运行逻辑。所以对于一名优秀的禁毒社会工作者而言,要有扎实的理论基础,而连续系统性的高等教育是夯实理论的可靠路径,用高等学校的教育模式对禁毒社会工作的从业人员进行培训和教育,为禁毒社会工作机构的发展提供路径。发挥智库的作用,对社会工作专业从业人员的教育培训可以依托高等院校在理论上的支持,也要依托专业化的培训机构进行实况培训,对于一些新技术的使用和新政策方针的解读与践行,在教育和培训中要注意理论和现实的结合,不仅要有专家学者的理论教育,而且要有一线社会工作者的实践经验的分享。脱离理论的实践和脱离实践的理论,都达不到理想的效果。此外要完善对禁毒社会工作者的评价和激励的机制,研究考核评估指标,形成专业的职业评价体系,从职业薪酬、晋升等角度对禁毒社会工作者进行正向的激励。对禁毒社会工作者的教育培训和评价激励等都有助于提升其专业认同度,对于从事的行业产生认同感,而这种认同感是上述两种内外合力共同作用达成的。教育培训评价体系能够让社会工作者建立自身的知识框架和知识体系,形成自己的思维模式,也能够让其认识到自身工作对于他人和社会的意义,能够正确地定位自己的工作,内心产生积极作用,达到自我实现,能够为自己的事业负责,认真踏实地工作,自然而然能够得到服务对象和机构的认可,从而形成外部激励。而这种内外联动的方式是一个相互作用、相互循环的过程,为禁毒社会工作者发展提供不竭的动力。

2. 禁毒人员家庭

家庭作为强制隔离戒毒人员出所后的唯一港湾,对戒断有着重要的作用,对其防复吸有着重要的帮助。亲属作为戒毒人员最亲密的人,是指戒毒人员本人以外的其他家庭成员,包括配偶、子女、父母、兄弟姐妹、祖父母等,他们能够为戒毒人员提供心理支持,走完戒断之路。构建家庭支持系统,或多途径的交流方式和模式,鼓励强制隔离戒毒所内的戒毒人员与他的家属进行沟通联络,对他进行引导,给予戒毒人员更多的关心和爱护,也让戒毒人员学会爱护家人,和家人良好地相处,进行家庭关系的维护,促进家庭关系的和谐。社区康复工作人员根据戒毒人员的需求,与其家属进行交流并扩大服务的范围,如定期进行家访,为其家庭和子女提供初步的心理支持,教会他们与戒毒人员和谐相处的一些技巧和方法。

对戒毒人员的家属进行家庭能力建设,通过开展家庭治疗小组和辅导小组等方式,对家人的沟通技巧进行提升,并且帮助家庭经济困难的戒毒人员介绍工作,对他们进行职业培训并辅导子女的学业,然后对其家庭正能量进行提升,促进家庭正能量系统的循环。

在进行禁毒社会工作中,要体现戒毒制度中的"以人为本",增强人的主体性地位。在确定戒毒人员具有违法者、病人、受害者三重身份时,不仅要强调戒毒所内病人的生理、心理功能的康复,而且要将处罚取向转向康复取向。将这种成瘾者的治疗视为一种"以人为本"的实践,以病人身份对待戒毒人员,对他进行一种社会功能的恢复。在这个过程中,始终贯穿"以人为本"的主线,提升人的主体地位。所以在对人的毒瘾进行戒断时,当地的工作人员应该提升戒毒人员的主体性地位,帮助他们从根本上改善处境,增强戒毒意愿,恢复戒毒的信心。从访谈中得知,当地工作人员对戒毒人员的管理主要靠建档来完成,针对每个个体的情况进行个性化处遇,若尚未完成这个环节,则需要去联系戒毒人员完成这一步骤,然后展开后续工作:

> 我们这里有一部分名单是还没有建档的,但是又联系不到本人。我们会通过和派出所或者街道联系,得知这个人具体的地址和其他的相关信息,然后尽最大可能把他联系到,来到我们站点建档。还有一些是能联系上的,但是已经戒断三年或者三年以上。按规章制度这批人虽然后续不需要来我们站点这边报到,但是必须要过来建档,所以和这批人沟通就会有很大的阻碍。但我们也会尽最大可能和他沟通,和他说明这是程序上的一个问题,后续也不会要求他来我们站点报到。尽我们的职责,把要做的事情和他说清楚。(2019FSSG02)

3. 各类志愿者及属地政府工作人员

志愿者作为重要的参与力量,是社会力量的一部分,志愿者组织是社会服务的重要载体。禁毒志愿者作为重要的补充力量活跃在禁毒领域。禁毒社会工作者通过动员和发展禁毒志愿者,培育相关的志愿者组织,开展禁毒教育培训,成立专业的服务团队。要注重发挥志愿者的服务优势,通过对禁毒志愿者进行招募、培训、登记、引导、激励等方式实现禁毒志愿者队伍的本土化和壮大化、社区戒毒志愿者队伍的常态化和专业化,为整个禁毒事业提供重要的人力保障。除此之外,社会工作者将已经成功戒断的戒毒人员投入禁毒志愿者的团队之中,鼓励他们借鉴自身的经历发挥同伴力量,从而完善整个禁毒志愿者体系。

属地政府工作人员包括强制隔离戒毒所内的工作人员,也包括社区工作人员。要提高社区工作者自身的现代化意识;要构建现代化的价值观念体系,确立人民在民主、法治、公平、正义、安全、环境等方面的要求日益增长的需要分析范式;加强社区工作者专业能力建设,促进社区工作者专业能力现代化;要把现代科学技术的发展与社区工作者的工作结合起来,提高其运用现代科学技术开展社区治理的能力。在访谈中,发现戒毒人员的支持力量一直存在,需要进行整合和连接:

> 首先是边界感,你一说不,他肯定就反感,或者无理取闹了,这个就是理解的问题。他甚至会因为他提的要求无法得到满足,就否定你之

前所有的工作。举个例子,像有些学员脱失了,或者没有定期过来报到。我们社工是要去找他的,公安也是要找他的,大家去找他是殊途同归,是允许的。但是怎么找?公安可能去他的工作单位,去他家守着。公安会把他不来报到的提示直接贴到他家门口。而我们有所谓的驻所辅警,就在隔壁办公室,我们主要街道社工站的四个派出所的辅警在那里办公。因为辅警已经直接住在站点里面,跟他们的交流就比较顺畅。他们的工作就是跟我们一起出去做宣教活动,那些尿检报告也要给到他们,他们需要在公安系统录入。(2019FSSG03)

正如访谈中所言,派出所民警、辅警与禁毒社会工作者共同开展所社无缝衔接工作。这些主体能够帮助戒毒人员戒除毒瘾、了解社会具有不同的支持功能,因而在所社无缝衔接中都具有重要的作用。如通过访谈,我们发现家庭在物质、精神、情感等方面具有重要支持功能;属地政府人员及社区工作者的探访则会在强戒人员中产生重大反响,他们甚至会相互攀比谁的领导来探望了他,从而对其戒毒积极性产生重大影响。

4. 同伴

同伴是禁毒社会工作中的重要一环,通过举办沙龙自助团体等主题活动,以及对自助互助的强调,实现了同伴示范以及同伴之间的相互鼓励支持,提供了丰富的服务内容和交流经验,并扩大了他们的社会交往及其对社会的认知度。同伴教育还可以实现一些职业认知和技能的提升,形成较为成熟的经验。从2009年开始,涅槃重生同伴辅导计划在上海成功以项目化的方式落地,这种项目化运作的同伴教育服务在持续性、专业性、规范性、目标性及规模上,都有了较大的提升。涅槃重生同伴教育辅导计划通过一些主题性的活动,培养了一支同伴辅导员团队,协助社会工作者开展提前介入的辅导和社区宣传等工作,帮助更多戒毒人员远离毒品的危害,回归自身生活的积极状态。同伴辅导员保持操守的概率较高,提升了同伴的信心,并且提升了他们的自我效能感,成立了相关的康复驿站,通过同伴教育服务与就业基地的有机结合,深化了戒毒同伴教育服务的经验。

在同伴辅导过程中,小组工作方法成为核心的专业方法,创造出了小组工作方法与主题活动并行以发展同伴教育服务的模式,由原来的"自助、互助"提升到"自助—互助—助社会"的多重目标,通过这三条主线走向生命意义的重构,形成更具有逻辑性的服务内容,开展各类的公益服务活动,提升了同伴的社会价值。通过各种体验类的活动感受真善美、感受爱、感受价值,通过对自身认知和态度的修正,实现更高意义上的价值观的提炼,形成了一种意义建构为导向的理论模式,借鉴社会学习理论逻辑,为同伴教育提供服务,从社区戒毒康复领域的同伴教育拓展到强制隔离戒毒所、就业基地等方面,在更大的范围、更广的领域发挥着更重要的作用。成效显著的同伴教育活动,帮助了一批同伴辅导员的成长和康复,通过牵手同伴、沙龙、社区宣传和社区倡导社会公益等活动,发挥同伴教育的技术,整合多种方法和手段,实现多元化的发展,服务内容具有一定的延续性,将该模式向全国范围发展拓展,并逐渐发挥出专业的功能。

5. 社区居民

在整个无缝衔接制度中,要注意社区居民的作用,社区居民具有广泛性的特征,通过发展社区学员进行宣传和唤醒,发挥其自身的优势,激发居民潜力,提升其参与意识和服务社会的能力,促进社区禁毒和康复的常态化,保障效果的持续性。除此之外要链接资源,尤其是资金技术等方面的支持。链接爱心企业助力社区戒毒康复的发展,链接网络媒体等相关力量创新社区康复的教育形式,结合人工智能等新媒体技术开展全方位的宣传,形成一项社会性的系统工程,打造科学与规范的戒毒康复网络。

在访谈中发现一个关于戒毒人员的社会融入困境的解决方式,一个很巧妙的小技巧,澄清了戒毒人员的真实诉求,促进了他的继续融入:

> 有个学员,其实那个学员挺好的,他一直想工作,但是他怕别人知道他曾经吸毒。他认识东区一个小工厂的老板,那个老板说没事,我只是招人看一下我的大门口,记录一下那些车辆,大货车出入登记,就招他过来。那老板也挺喜欢这个学员的,他挺老实,之前就是阴差阳错,但可以接受的,然后让他一起去做。突然有一天,他就说我不干了。老板就觉得奇怪,你不是挺开心的?因为他之前拿到工资还兴高采烈地说要请我们社工去吃饭。后来就很奇怪,我问他怎么了,他说没事,那份工作一天做10个小时,工资只有3 000元不到,有什么好做的。后来老板觉得有点不对劲,他知道这个学员以前读书不多,是小学文凭,可能大字都不认识几个,那些出入车辆中有"赣"等一些比较生僻的字眼,英文字母他也不太懂。后来去工厂看了一下他的本子,果然是,那些字他不会写,就随便勾一下就算了。学员不好意思说出来,他知道自己这么大个人了,竟然连个字都不会写,不好意思去问人家。
>
> 后来老板就回去问他是不是有些字有点生僻,比较难写,要不我教一下你。然后学员就不吭声了,因为你说中他的点,他就不吭声了。他说现在都不想辞职,辞职了怎么搞,我说没事的,我跟老板说一下就可

以了,然后就带他回去。刚好是我跟另外一个男同事一起跟他开车过去的,去了那边之后,那个男同事就给了另一位保安一根烟,请这位保安帮着教他一下。我们就在现场教他"赣"字之类怎么去写,包括平常车牌号会遇到的一些比较生僻的字,都教会他,后来他就一直做到现在。(2019FSSG01)

访谈案例中老板的机智应对,用其善良和智慧帮助戒毒人员完成了社会融入的环节。除个体力量外,还应整合平台资源,在社区内设立社区与社会融入平台,通过一些公益活动、公益劳动、教育培训等康复活动,鼓励戒毒人员参加社区的公益服务活动和志愿服务活动,通过开展社区的帮教活动,消除戒毒人员融入社会社区的障碍,为其树立可以康复的信念,构建和谐有序的文化氛围。整个社区康复服务的运作模式是相互联系而并非相互割裂的,它是一个环环相扣的系统,通过一整套完整的康复体系与模式有效地解决了戒毒人员的需求,包括生理戒断、心理康复和社会康复的需求。整个过程的运作以社区与社会为依托,建立新的社会关系,实现干预和帮扶的功效、建立长效机制。

(三)从一元到多元:社区康复无缝衔接主体制度的演进

1. 一元主体论:运动戒毒与羁押戒毒时期

从中华人民共和国成立后一直到《禁毒法》颁布之前,这一时期主要表现为运动戒毒和羁押戒毒,该时期戒毒工作的主体为单一主体,国家作为唯一主体存在。中华人民共和国成立初期,鸦片肆虐,1952年《中华人民共和国惩戒毒贩条例(草案)》,此时的戒毒工作是以运动的方式展开,同年中央政府在全国范围内开展禁毒运动,将无决心的戒毒人员送到戒烟所或互助组强制监督戒除,这种运动式戒除效果显著,三年内解决了两千万烟民的毒瘾。

1953年中国成为无毒国之后,吸毒行为禁绝。直到改革开放后,吸毒现象死灰复燃,但当时并未将吸毒行为列入违法犯罪范畴。为了遏制毒品现象蔓延,1990年12月28日颁布施行的《全国人民代表大会常务委员会关于禁毒的决定》设定了对吸毒人员的治安管理处罚,并设置强制戒毒和劳动教养戒毒两种措施。这两种模式都是将戒毒人员羁押于专门的戒毒场所,可将之统称为羁押模式。在羁押戒毒模式中,戒毒人员被视为违法者,需要对其进行严厉惩罚,惩罚的方式就是进行强制戒毒和强制劳动教养,使其接受强制教育矫治,从而戒除毒瘾。在羁押模式中,限制戒毒人员的人身自由。在立法中将强制戒毒和劳动教养戒毒称为强制措施和强制教育措施,主要是因为二者最大的共同点就是惩罚性的特征,并且都是以限制人身自由的方式戒毒,只是二者的期限及条件不同。强制戒毒适用于首次被发现,并且期限为 3—6 个月,最多不超过 1 年,在强制戒毒场所执行;劳教戒毒适用于强制戒毒后又复吸的人员,执行期限为 1—3 年,最多可延长至 4 年,在劳动教养场所执行。①

在这个过程中,国家采用强制措施,作为唯一主体,戒毒人员不具备自主性,被动接受戒毒措施,在一定程度上隔绝了戒毒人员与毒品,在遏制毒品蔓延方面取得了显著的成效。但是由于羁押模式过于注重生理脱毒,导致心理脱毒和后续辅导不足,使得戒毒效果仅停留在表面,导致复吸率较高。同时羁押戒毒使得戒毒人员难以回归社会,在限制戒毒人员人身自由的同时,使其与家庭亲人隔离,结束后很难正常回归家庭生活,导致家庭危机。戒毒人员长期处于封闭的场所,难以掌握社会最新消息,导致不能较好地融入社会,又产生复吸的情况来逃避现实世界。

2. 二元主体论:强制隔离戒毒与社区康复时期

在总结了多年戒毒经验的基础上,2008 年《禁毒法》改变了单一的国家主体的羁押惩戒模式,将以往的强制戒毒和劳教戒毒这两种羁押模式缩减为强制隔离戒毒这一种羁押模式。与此同时,还新增了社区戒毒、社区康复、自愿戒毒等模式,集生理脱毒、心理康复和回归社会于一体。在实践中发现,该时期的戒断模式主要以强制隔离戒毒与社区康复为主。强制隔离戒毒与社区康复分属政府与社会二元主体,分别在各自的场域中行动。

强制隔离戒毒是把戒毒人员放置到专门的戒毒场所,除对戒毒人员进行法治教育外,还会对戒毒人员实施生理、心理和身体康复训练等措施。各地的戒毒场所较为平稳地由强制戒毒和劳教戒毒向强制隔离戒毒转变。社区康复是戒毒人员经强制隔离戒毒后,由公安机关决定,要求康复人员在社区进行康复的措施。当戒毒人员结束强制隔离戒毒回归社会之后,经由社区康复阶段,复吸率降低。强制隔离戒毒与社区康复并行,国家与社会二元主体互动,共同促成戒毒人员戒断效果的改善,在羁押模式和非羁押模式共同作用下,二元主体互动形成了较好的戒断效果。在访谈中发现,羁押模式下的管理,是一种隔离与封闭的模式,正如前文所言,每个戒毒人员是处于相对被禁锢的状态,在进入社区之前一直是这种状态:

---

① 谢川豫:《新时期我国戒毒模式的发展及挑战》,《中国人民公安大学学报(社会科学版)》2013 年第 2 期,第 38—46 页。

我们为啥不敢尝试小组,因为如果把现在县城里面这些戒毒人员中的十几个人叫到一起,他们可能之前都是一个小团伙。但是因为戒毒他们现在都已经不联系了,但是你突然间把他们叫到一起了,他们又聚到一起。可能有时候你会发现他们平时不联系,但是通过我们的小组测评,他们就聚到一起,可能聚到谁的家里面。他们在思想上,对于跟专干的交流可能就是那种应付的心态,私底下他们做的一些事跟现在的表现不一致。他说他是不和那些人来往了,但是私底下我们去家访时还是成群结队。他们聚在一起的话肯定会做些不好的事情。因为我们的知识水平还没有达到,所以我们现在不敢让他们以小组的形式进行帮教。(2019NXSG01)

由上文可知,在二元主体的时代,在强制隔离戒毒所内的封闭空间规训技术下,戒毒人员被分隔开,而回到社会时,进行社区康复又是直接走向开放,从而形成了断崖式分裂,影响了戒断效果。

3. 多元主体论:无缝衔接制度时期

《禁毒法》颁布后的强制隔离戒毒与社区康复时期,是集理念、措施、场所于一体的兼顾治疗、惩罚、康复三位一体的戒断模式。该法承认了戒毒人员的病人、受害者和违法者三重身份,为戒毒人员提供政府关怀和帮助,不再单纯地将戒毒人员视为违法者。滥用毒品虽然是违法行为,但同时戒毒人员也是毒品的受害者,吸毒成瘾也是一种大脑机能发生的病变,而这种病变导致药物依赖性难以消除造成复吸。戒毒人员是较为特殊的病人,单纯的惩罚对其帮助十分有限,通过药物和心理治疗的结合才较为有效。基于以人为本的理念,将吸毒成瘾定义为一种脑疾,需要社会和他人的关怀,同时确定了药物维持替代治疗的措施,承认部分戒毒人员无法彻底戒除毒瘾,只能采取措施降低毒品对戒毒人员及其家庭、社会带来的伤害,使其伤害最小化。

发动多方社会力量参与多元主体互动。社区康复无缝衔接模式由政府与社会共同参与,包括公安机关、社会组织、企事业单位、医疗机构和其他公民等,发挥各自的帮教作用。强制隔离戒毒所中存在着重惩罚、轻矫治的现象,虽然从法律角度来看戒毒人员是违法者,但从社会学和医学等角度来看,他们是受害者和病人。强制隔离戒毒的本质是让戒毒人员进入强制性的戒毒程序,而并非一种处罚,这是一种通过行政措施挽救戒毒人员的行为,体现了国家在坚守以人为本立法理念的同时,突出了对戒毒人员的关心和爱护。然而长时间以来,强制场所对戒毒人员的管理体制及方法一直沿袭监狱的管理模式,重惩罚与改造、轻教育与治疗,注重生理戒断、忽视心理辅导及其后续需求保障,违背了《禁毒法》的立法本意。戒毒康复场所是为戒毒人员提供必要康复支持的场所和设施,是康复人员回归社会的保障。在所社之间形成互动的过程涉及多元主体的互动合作。在这个无缝衔接制度环节中,禁毒社会工作者是贯穿于整个环节的纽带,依赖于其与戒毒人员的联系,固定而持续:

> 我们没有规定一个月就一次回访,但是我们要根据情况回访。我们有他的微信,如果从他的微信上发现或感觉他最近的动态不一样,我们就要去做回访,每个人的微信都要加的。我觉得我还是不会掌握这种吸过毒的人的心理状态,比如在讲座时可以跟我们介绍一下,吸了毒以后心理会存在一种怎样的状态,但是我们现在不知道这种涉毒人员的心里是怎么想的。(2019NXSG02)

正如访谈中所言,禁毒社会工作者在整个无缝衔接的环节中都需要掌握戒毒人员的状态、洞悉其心理、了解其诉求,以期更好地为他们服务。

(四) 无缝衔接制度主体的协调性建构

1. 构建无缝衔接制度主体的指导原则

强制隔离戒毒到社区康复无缝衔接主体制度的完善与建构主要是厘清在这个过程中多元主体互动之间的关系,包括强制隔离戒毒所、社区、戒毒人员、禁毒社会工作者、民警、强制场所工作人员、社区居民以及志愿者等。强制隔离戒毒到社区康复无缝衔接主体制度是包括强制隔离戒毒所内与所外社区两个环节的内容,在这两种空间内不同主体的互动关系构成了无缝衔接的主体制度。

在这个环节中,戒毒人员是一个弱势群体,帮助戒毒人员戒除毒瘾是实现社会安定人民幸福的重要途径。在多元主体互动协调中构建主体制度时,应坚持以人为本的原则,用现代化的管理理念和方法,统筹资源、深化管理、维护戒毒人员的身份和权益,帮助其戒除毒瘾并适应社会,保证其正常生活,将制度优势转化为动能,推动戒毒事业的发展。构建强制隔离戒毒到社区康复无缝衔接主体制度更是维护社会公平正义的重要手段,着力防范社会重大风险,加强戒毒场所的科学管理,保障整个环节的正常运行,使得公平正义贯穿于每个环节。调研中发现,在维持公平正义的环节中,禁毒社会工作者始终作为落地执行者贯穿于整个环节:

我也跟你说了，我们工作时自己要保持头脑高度清晰，我们既不能过分以他为中心，也不能不以他为中心，因为他毕竟是我们主要的工作对象。对于工作帮扶对象，我们脑子里有清晰的概念，我们是为了拯救他们，或者为了让他们更好地回归社会。但是具体怎么样实施，怎么样去做，我们自己心中要有一个度量。没有和谐的关系，我们的工作也无法开展下去，但是我们也不能建立过于"和谐"的关系，让他牵着我们的鼻子走。(2019NXSG03)

在整个环节中，禁毒社会工作者需要根据实际进行不断的修正和调整，除遵守原有的工作流程模式之外，还需要发挥自己的主观能动性，与戒毒人员斗智斗勇，并最终完成对他们的服务与管控：

有时候可能刚开始建立关系，两者之间的关系并不是一下就能建立好的。刚才我们提到的三重身份，可能他自己都不知道自己处于哪种境地，他可能对我们的工作很排斥。那么我们怎么样抵消他的这种排斥从而建立良好的合作？在我的理解来看就是合作的关系，我可以和你当朋友，但不是说什么都可以干的朋友。我可以当你心灵上的导师，我可以引导你慢慢往正途上走。那么我们怎么克服他对我们这种特别抵触的心理？刚才我们一位专干提到，戒毒人员的心理建设和正常心理建设是不一样的，我们如何把握这一点更好地开展我们对他的帮扶工作，尽量少走弯路。第一个月他可能特别愿意回归正常的社会生活，之后可能因为他的抵触，以及我们在专业知识这方面的欠缺，影响工作的开展。那么可能一个月一个月过去，他就没有当初的那种热情，所以这种抵触心理怎么样能消除，怎么样更专业地和他建立一种良好的关系，这种困难只是存在于一小部分人中。绝大部分人建立关系相对容易，可以从第一次可能不太熟到后面逐渐熟悉。但是有的人确实是那种心理，特别烦你的那种，我们确实很困扰。

我们会给他举一些案例，这些案例不会是从网上看到或者特别遥远的那种，因为人不亲身经历一些东西，他可能就觉得案例始终是案例，没有实际操作性。像我们身边就有成功的案例，他也了解，他确实也看到人家的成功，会通过这种方式去激励一下，或者我们可以带着他去跟已经成功戒掉的人谈一谈。可能他们因为有共同的经历，两个人之间的沟通会比我们更加专业。但是也会存在风险，在选择对象上我们要尽可能确定、一再筛查、谨慎决定。不能说本来这个已经成功戒毒

了,却又复吸,我们也要及时干预。(2019NXSG03)

由于在实践中戒毒人员的需求众多,因此不能单独依赖于禁毒社会工作者的个体能力,而是要从制度流程中优化,这样将更加有利于完成戒毒人员回归社会的任务。

2. 构建无缝衔接制度主体的可行路径

构建强制隔离戒毒到社区康复无缝衔接制度主体是一个系统性的工程,应坚持完善戒毒工作治理运行机制,健全民警规范执法体系,提升戒毒矫治工作水平,夯实人才队伍保障基础。

应进一步明确戒毒工作的治理主体及其相互之间的关系,整个戒毒流程由谁领导、由谁主导,以及各个治理主体之间是如何互动的。这是一项复杂的社会工程,只依靠强制隔离戒毒所的自身工作,难度很大。《戒毒条例》有规定,要建立起由政府统一领导的工作体制,并要求"政府统一领导,禁毒委员会组织协调,各有关部门负责,社会力量广泛参与"。依据上述文件要求,在戒毒工作中有六类利益相关者,即政府部门、禁毒委员会、戒毒机构、戒毒人员、禁毒社会工作者及社会力量,这就形成了戒毒工作的六大主体。构建以党委政府为支撑,以强制隔离戒毒所为主轴,以戒毒人员亲属为重点,以社会工作者及志愿者为基础的无缝衔接戒毒工作格局,使得国家的法律政策真正做到落地实施。进一步加强党委领导,健全对戒毒工作的全面领导,大力争取地方政府的支持,主动向政法委等相关部门汇报,积极融入地方社会治理。积极加强地方联防联控机制,明确部门职能。有公安禁毒、监管和司法行政戒毒部门的广泛参与,根据工作实况,酌情统筹民政、财政、人社、发改、卫生等部门,争取相关政策的支持、实现资源共享与信息互通。强化戒毒机关的主导作用,利用戒毒场所的强化优势,在戒毒工作中发挥协调作用,在各项戒毒措施之中做好衔接工作,将各种戒毒力量整合,打破彼此之间的区隔,遵循工作规律,适应社会化管理的需求,主动融入社区戒毒康复,保证戒毒人员全过程的无缝衔接。健全社会各界的合作,由禁毒部门统筹协调、戒毒场所依法管理、教育部门进行文化教育、民政部门进行综合救治、卫生部门进行医疗救治等多部门联动的帮扶机制。

强制隔离戒毒场所应严格执行相关规定,完成统一标准认定、流程评估及数据共享,来保障戒毒人员的合法权益。推动制度完善、细化标准和程序、规范环节,增强法律法规制度的可操作性。强化相关执法监督,推进过程记录,做好证据的收集保护工作,推进信息化建设,实现数据共享。搭建所内外沟通互动的桥梁,促进戒毒人员与亲属及社会各界人士的沟通交流,搭建法律法规的咨询平台。拓宽监督渠道,接受舆论监督。以网格化与制度化为方向,在以"治本为核心"的"标本兼治"的戒毒工作原则下,坚持以人为本,以戒毒人员和民警为两条主轴线,双向合力,将矛盾和隐患化解在基层和源头,把帮助戒毒人员戒除毒瘾作为矛盾的源头进行化解,维护社会稳定和谐。坚持统筹兼顾,合力攻坚,加快推动戒毒事业的不断发展。

三、强制隔离戒毒到社区康复无缝衔接制度内容重构

强制隔离戒毒到社区康复无缝衔接制度内容重构主要是依托于梯度融合与有机对接思想形成的一体化戒治手段,主要包括生理、心理和社会三大方面。在生理方面,进行毒瘾戒断,进行一体化医疗措施;在心理方面,进行认知重塑戒除心瘾,实行认知干预一体化;在社会方面,进行社会关系重建,实现帮扶一体化。

(一)生理治疗:一体化医疗

在生理治疗方面,主要对戒毒人员进行生理脱毒,实现戒毒医疗一体化有助于解决戒毒人员面临的生理困境。在生理脱毒方面,大多数的戒毒人员因为长期吸食毒品导致身体患有各种各样的疾病,在强制隔离戒毒时这些疾病很容易反复发作,并可能有并发症,所以要对他们进行治疗,这需要有一定的医疗水平和一定数额的经费。这种治疗要求戒毒所内和所外都要具备这一套体系,目前在强制隔离戒毒所方面已经有相关的治疗体系,而在社区社会中也有雏形。下一步需要做的是,打通从强制隔离戒毒所到社区康复的无缝衔接医疗体系,保证生理康复。

通过会诊方案制订,实现戒治手段一体化。根据评估诊断的意见,进行专业靶向治疗,形成一整套包含专业戒治并且彰显自身戒毒品牌的个性化治疗方案,并且对戒治效果进行动态评价,及时修正和调整,科学评估戒毒效果,提高戒毒的精准性、时效性和针对性。在医疗一体化的整体布局下,实现入所评估诊断一体化,对戒毒人员进行全面的评估以便为后续的靶向治疗提供基础,建立戒治大数据平台,建立诊断评估联席机制,实现一体化管理。由于新的毒品不断出现,对于这些戒毒人员的生理脱毒,不能只依靠过往的经验去判定他们不同的症状。如果不能对这些新情况找到解决办法,那他们在吸食一些新型毒品后,产生的各种致幻等现象就很难被有效地应对。而且一些吸传统毒品的人大多数有比较长的吸毒历史,他们的家属对其支持力度很小,甚至很多家庭因此破裂、妻离子散,而且他们会身患各种传染类疾病,他们的医疗需求也很大。此外,吸食合成毒品的戒毒人员引发精神障碍问题的情况也比较多,所以对于精神诊疗会有一定的需求,在生

理脱毒期间,不仅要配备常规的医师,也要有精神医师的配备。

在一体化医疗戒治手段下要关注过往戒毒经验和方法。让戒毒人员彻底戒断毒品是一个世界性的难题,从长期来看,中国的这种司法行政强制隔离戒毒和社区康复衔接是一种相对科学的理论与实践模式。经过多年的理论验证和实践经验,与众多的方法相比,虽然存在很多不足之处,但目前来说仍是较为不错的方法。目前中国主要使用药物戒毒法和非药物戒毒法两种方法开展脱毒治疗。从非药物戒毒法来看,包括冷火鸡法、针灸疗法、手术戒毒、心理治疗等方式。其中,冷火鸡法也被称为冻火鸡法、干戒法,硬性戒掉毒品,当戒断症状出现时,戒毒人员畏寒颤抖、浑身起鸡皮疙瘩等现象就像火鸡,所以被称为冷火鸡法,这是一种很原始的脱毒方法。对于吸毒时间不长、吸毒量不大、毒瘾不重并且有顽强毅力的戒毒人员是可以实现的,但是对于很多毒瘾深、身体素质差的人就不太适用此法。此外还有针灸疗法,这是由中国独创的中医针灸学与现代神经科学相结合的一种非药物戒断的方法,针灸戒毒因为没有副作用、可操作性强、成本低、没有依赖性等特点被人们广泛接受,但对于一些患有基础性疾病的患者不太适用。手术戒毒也被看作微创开颅戒毒模式,在很多年前,国外的医学家就发现了手术戒毒的方法,但是由于医学界对毒品的依赖性机理没有得到科学的确定,所以对戒毒效果存在一定的争议,没有推广应用。该手术疗效显著、效率高、复吸率低,目前这种方式仍在探索中,尚未得到大范围推广。心理治疗模式,即不用美沙酮等其他药物,去矫正戒断人员的认知障碍,改变认知错误,然后逐渐回归社会,这种方式适用于那种戒毒动机强烈,社会化程度深的戒毒人员。

药物戒毒法包括递减法、替代法、亚冬眠法和中西医结合法等方法。递减法是采用逐渐减少药量,最后完全减掉药物的方法。递减疗法一般使用替代药物剂量递减,就是采用一种或几种药品来替代吸食的毒品,并且限制用量直到脱毒。从戒毒方法来看,这是目前国内外戒毒疗法中最有效的方法,也是国内外推荐使用的方法。替代法的一个原则就是选用药理作用和原依赖药物作用相同或相近,且作用时间长、依赖性较低的药物去替代吸食的毒品,并且逐渐减少依赖性药物用量,最后逐渐停药,这种方法得到了相对满意的疗效。亚冬眠法就是在戒断症状发作期给戒毒人员服用大量的安眠药,让他在昏睡中安全度过戒断反应的高峰期,也被称为意识剥夺法。这种方式用大量的安眠药使患者处于一种昏睡状态,易造成安眠药中毒或者呼吸困难等不良症状,有一定的危险性,由于它有较大的局限性,正规机构中使用比较少。中西医结合法在治疗原则上与替代递减法相似,戒毒、排毒然后扶正去邪,对症治疗,通过综合控制戒断症状全面调理免疫内分泌系统功能,因为它的疗程较长,起效较慢,对控制急性戒断症状的效果比较差。由于西药在急性戒断期戒毒的效果比较好,但康复比较难,而中药可以在康复期发挥较好的作用,中西医结合戒毒可以取长补短。在一体化医疗下的综合诊疗,要注意结合诸多戒毒方法,实现一体化靶向戒治,实现强制隔离戒毒与社区康复无缝衔接,实现生理治疗方面的无缝衔接。

(二)心理矫治:一体化干预

在心理矫治方面,要形成一体化的干预,关注"心瘾"问题。通过正念冥想等认知行为取向的手段进行针对性的矫正,运用"全人、全流程"的理念,通过防复吸训练、情景模拟等手段,形成与心理评估相适应的动态干预机制,形成与其他中心相配合的综合干预系统,实现心理干预所内所外一体化。

对于戒毒人员来讲,心理矫治的需求特别大。在强制隔离戒毒场所中提供的心理救助会有一定的局限,而且人员缺乏,不能够满足戒毒人员的心理矫治的需求,而很多由民警兼任开展的心理矫治,并不能够成为心瘾戒除的一种有效手段。在心理矫治中,治疗主要是建立在双方平等信任的基础之上,当心理咨询师和戒毒人员没有利害冲突时,戒毒人员的顾虑才能够消除,顺利进行心理矫治。但是在强制隔离戒毒所中的基层管教民警,因为在日常工作中会对强戒人员进行管教,那他就很难不与戒毒人员发生冲突,当他作为兼职心理咨询师开展工作时很难去协调这种角色关系,会破坏整个心理矫治工作的相互信任基础,而在无缝衔接环节中就可以将这一弊端逐渐地消除,从新的专业角度来进行服务。因为心理矫治的专业性很强,很多矫正民警专业知识匮乏,也认识不到心理矫治的重要性,所以他们会认为心理矫治没有实质性的作用,造成一定程度的忽视。心理矫治是和生理戒断共存的方式,通过心理手段才能够戒除心瘾,实现真正意义上的戒断,对于生理戒毒是一种补充的作用。

> 对于这方面太理论化的东西,他们是慢慢接受的。你直接去跟他谈你表现怎么样、你是不是在吸毒,他们不想听,不想听那就跟他们谈一些家常一点的内容,聊得更加顺畅一点,比如:身体怎么样啊?有没有什么喜欢的东西?他会说得更加多一点。你直接去跟他们讲他们最近有没有在吸毒啊?他的那些毒友有没有在找他啊?单刀直入的话,有一些人是可以接受的,但有一些人就没办法接受。要跟他多谈一些他愿意谈的东西,比如你家里面经济收入怎么样?因为大部分的传统

戒毒人员家里的经济收入是比较低的、经济条件比较差的。要跟家属进行比较良好的互动,或者关心一下他家属本身的健康状况,或者有时候看看他们送点东西过去,和社区里面集体送点东西过去。如果条件很好,那他不一定要,这种方法就没有用,是因人而异的。以这样的方式介入会比较好,一般不要跟他用一些培训过的理论去谈,他们不愿意听很官方的一些套话,要谈一点他真正关心的话题,不然他们不接受。(2019HZSG13)

从他们真正关心的东西来入手。比如条件不太好的,可以关心社区有没有给他们安排低保廉租房、公租房,有没有去申请,或者是有没有给他们想办法去安排进"春天行动",或者申请劳动补助。他们如果比较关心,那就说明你的切入点比较好。(2019HZSG13)

正如访谈中所言,从其真正关心的事项入手,逐渐建立关系,慢慢解开戒毒人员的心结,从而走进其内心世界,帮助其完成戒毒和康复等。在精神方面,重点开展家庭康复会让戒毒人员具有良好的态度转变,对戒毒人员进行理解和鼓励,增强他们的情感动力,获得精神动力的支持。让家庭成员进行日常监督,防范他们的复吸,且让他们养成良好的精神信念,形成良好的生活习惯,包括在同伴的帮助下开启生命意义的重建,构建生命意义就是形成一个精神上的支撑。这种精神因素的缺失是造成吸毒的重要原因,很多家庭对子女的思想变化不管不顾,很多父母品行不端或体罚子女,加上很多吸毒和贩毒者的教唆引诱,他们就沾染上了毒品,这成为一些未成年人吸毒的根源。对于这种现状,要帮助戒毒人员建立良好的家庭支持系统,进行精神干预,帮助他们形成良好的精神防卫机制,建立社会生活的信心,从而成为一个健康的人。由于同伴教育中很多同伴互相接触比较多,生活经历和社会地位相近,他们有共同的语言和行为,会彼此信赖,然后产生一种彼此认同的关系。这种典型成功人物的精神影响就会加强,给吸毒人群以戒毒信心,减少伤害,形成一种良性的循环。经访谈得知,在增强戒毒人员信心的实践操作中,主要是以家属作为重要辅助点:

在我们首次家访时,都会跟家属谈好一些事情,从戒毒所回来了我们肯定是希望他好好的,家属也是希望他好,街道、社区办都这样希望。有些家属心理上会觉得,毕竟都两年了,我们也希望他回来好,没有人希望自己的家人不好,也想给他一次机会,所以家属基本上都很配合。之后我们会定期家访,比如3个月家访一次。平时我们也会跟他讲一些管理制度,不断跟家属和他都在说,不要违反社区戒毒的协议。其次是让家属监督一下他平时的表现,回家后我们根本就不知道他的情况,但家属知道。如果他有异常,人变瘦或者怎么样,不吃饭,特别兴奋,晚上不睡。这些都是家属可以告诉我们的,家属起到一个很重要的作用。这是他的生活,我们不知道,但是家属知道,所以亲情是很重要的。(2019HZSG11)

注重戒毒人员的精神状态,增强戒毒人员的信心,借家属的力量配合进行,以激发亲情和责任感。

(三)社会关系重建:一体化帮扶

回归社会是戒毒中的一个重要环节,回归社会的教育,不仅旨在帮助戒毒人员消除心理和精神层面的问题,还要对他们进行工作技能和生存技能的培训,并且这种培训要具有时效性、持续更新,让他们能够有机会摆脱毒品,重新回归社会。当然,与此同时,社区等有关部门要做好接纳他们回归的准备并提供相关的保障,如此才能帮助他们更好地进行社会方面的回归与获得支持。

在实现无缝衔接环节之后,应当探索强制隔离戒毒人员的回归机制,从强制隔离戒毒所到回归社会要有一个适应期。应当在社会中建立一种戒毒康复场所,去打造解除强戒的人员社会化回归过程中问题的中转站,组织这些人定期进行戒毒康复训练,开展职业教育组织技能培训,提升他们的生活自理能力和就业社交能力,让他们从"强戒人"过渡到社会人。那这种模式的中转,就需要一定的组织机构、办公场所、专职人员等去进行帮扶和救助。依托于社区建立的康复指导站,其运行需要有专人专职的实体化运作,专班专场的覆盖指导、专业化指导,利用专业优势进行义工培训,引导社会工作者、禁毒志愿者、家人亲属等去参加,形成一种科学的工作机制,在整个社会的场域中形成,并完善从强制隔离戒毒所到社区之中的戒毒管理。

在回归社会方面,设置所社衔接回归一体化的制度体系。从制度体系的整体架构来看,包括期区流转、部门协同、多元戒治、数据综合和所社衔接一体化五位一体。这种制度体系将戒毒模式整合为相互关联及完整统一的全过程,建成科学戒治、精准戒毒的全过程,建成实体运作、具体实践的全过程。遵循强制隔离戒毒人员在戒治流程的不同阶段的个性特征,实施戒毒成效评估,医教并举,综合施策。

进行所社衔接共同体建设,主动走出大墙与社区建立长效深度联系,打造共同体。推进强制隔离戒毒、社区戒毒、社区康复工作的深度融合,同时探索创新所社衔接工作方法和手段,完善无缝衔接机制,进一步提升对戒毒人员的戒治、教育、就业、帮扶、救助等整体工作水平,从而帮助戒毒人员对毒品实现戒断,保障其正常回归社会。坚持戒毒力量的"引进来"和"走出去",加强回归期戒毒人员与社工、家庭、社会组织的良性互动,打造戒毒命运共同体,实现回归社会"软着陆"。建立戒毒人员复吸风险评价机制,对出所后复吸风险进行评估预测,开展服务后续照管工作。

重视发展专业志愿者队伍。积极组织志愿者培训活动,同时邀请专业人士入所开展志愿者培训和服务活动。加强日常管理工作及志愿者组织建设。根据戒毒工作实际和工作特色,建立健全志愿者招募、服务项目开发储备、服务活动开展等工作机制。加强志愿者队伍建设管理,继续大力发展志愿者队伍,丰富志愿者的类型,落实志愿者服务时长登记、教育培训、绩效评价、激励反馈等工作,提高戒毒志愿者的参与热情和积极性。开展"家属学校"策划。利用戒毒人员家属定期探视的契机,向家属宣讲禁毒和戒毒的相关知识以及家庭支持在戒毒人员增强戒毒信心和保持操守方面的重要性,动员家属积极配合强戒所的戒治工作,鼓励有意愿、有能力的家属加入戒毒志愿者队伍,配合开展后续照管工作。

突破帮扶就业渠道,注重就业促进帮扶。设置回归教室和就业创业体验中心,邀请知名企业入所开展培训、指导和招聘等工作。开办专场招聘会,发放就业一本通,在各大队及回归指导站建立就业信息角,对戒毒人员进行职业技能培训,包括社会需求量大的行业,为戒毒人员回归社会做好充分准备。在就业帮扶方面,在已有的访谈实践中,他们如是说:

> 就业帮扶的话,很多戒毒人员可能都存在就业的问题,比如好吃懒做、眼高手低的。就业这块其实是真的比较难的,社区戒毒康复的还好,大部分都是自主就业。有一部分人是想"穿新衣服"回归社会,是想过上正常生活的。自主就业也会不顺,有疾病的人我们就给他低保安置,因为他没办法工作。我们有16个戒毒人员,已经自主就业的就有10个,还有5个给安置了低保,还有1个没解决。社会面的话,相对来说没有那么好管控,因为一方面管控力度没有那么大,另一方面约束也少,半年才一次。(2019HZSG14)

建立网络共享平台,进行立体化医疗网络品牌建设。针对戒毒人员病情、病种的不同,在病残专所、专区、专队架构的基础上,通过创新工作机制,拓展社会合作,借助信息技术,提升自身能力,逐步打造分类防治、分级诊疗、远程医疗的"立体化医疗网络"。建立病残分类防治网络。结合各所病残专区建设,发挥戒毒医疗中心疾病防治功能,对内对接相应病残专区需求,加强基础医疗服务;对外拓展专科联盟,提升疾病专业诊疗能力,开展联合会诊、联合巡诊,形成各有专攻、各有所长的多元发展新路径。

通过跟踪回访与跟踪问效,统筹协调社会面的资源,帮助戒毒人员回归社会正常生活。建立内部协调统筹机制,对接回归指导需求,统筹回归指导内外资源,促进回归指导工作科学融合,提升回归指导工作的效能,促进回归指导工作提质增效。依托戒治大数据平台,采用医学、心理学、社会学等学科工具,开发多类评估软件,对戒毒人员复吸风险源进行定性和定量分析,掌握发生复吸危险的可能性和复吸程度,对复吸风险划定指数等级,将其作为所内戒治效果评价依据,服务后续照管,并连续跟踪监督效果。在实际调研中,发现跟踪回访对不同人的效果不同:

经济条件比较好的,比如说他本来就是当老板的,他希望最好就不让他家里面的人知道这件事情,少去烦他们,任何事情他都可以配合你。他就这样的心态,就是你不要去影响他家里面的人。(2019HZSG13)

正如访谈资料所言,在实际操作中,不同群体的诉求不同,其社会融入需求模式也有不同,应根据实际情况进行调整。

戒毒人员回归社会后,为他们提供一个相对干净的社会环境,给他们提供劳动的机会,让他们能够自食其力去解决高复吸率的问题和巩固戒断成果,对他们的思想进行改造从而减少他们的心理依赖。营造干净和谐的社会环境氛围,让他们远离毒品的侵蚀。戒毒的最终目的是彻底禁止毒品的根源,巩固成为关键,许多戒毒人员能够认识到毒品的危害,他们也有着强烈的戒毒愿望。但是他们的意志力薄弱,自控能力比较差,回归到社会后容易受到社会的歧视,并且受到各方面的压力,人们都躲着他们,把他们视为异类,不愿意与他们交往,他们很难正常参与社会生活。对于这些本来身心就脆弱的戒毒人员来说,这种状况让他们如同身处炼狱。作为一个社会人,如果连最起码的需求都得不到满足,他们自然而然就会走向社会的反面,在毒品中去找到自身的安慰和价值。因此为他们提供一个相对干净的环境氛围,让他们远离毒友圈的诱惑,远离吸毒的环境,让他们在社会中不受歧视,感受到平等,让他们真正做到巩固戒断,这是我们在无缝衔接中要实现的重要目标。

为他们创造劳动条件,让他们能够学到自食其力的生活技能,为他们提供一定的机会,寻找适合他们的就业项目;然后组织他们开展劳动学习,学习一技之长,让他们有一定的经济收入;回归社会以后,在社区康复的社区管理中,戒毒人员有自己的权利,可以进一步巩固戒断的效果。在这个过程中,社区戒毒的治安管理不可忽视,在社区中的治安要比普通社区更有其特殊性。加强管理控制,深入防范毒品,对内营造出一种相对宽松的生活环境,对外则加大对于复吸者的惩罚力度。在社区康复中的戒断者是公民,而不是戒毒人员,社区内的各项服务都是围绕巩固戒断的成果而开展的。在社区内可以开展比较丰富多彩的文化体育活动,培养他们的集体荣誉感和责任心,增加他们对生活的信心,提高他们的生活质量。对外,则要加大对复吸者的惩处力度,让他们有对于社区自由生活的依恋和对于法治惩处的敬畏。访谈中发现,关于戒毒人员的生存方式,由于戒毒经历,他们可选择的空间较小:

> 我们这边也定期给他们安排一些就业培训,但是介绍他们就业时会有很多限制,例如,如果给他做保安这个工作,根据规定有前科的人是不能做保安的。对有前科人员来说,境况稍微难一点。所以有的时候也是很矛盾的,我们也想帮助他,但是换哪个工作都有这方面的约束,其实我们也有给他们安排一些其他工作,当然会有一点点钱,但远远不够他们的生活,所以他们也不愿意做,其实这样的人都是以自主创业为主。(2019HZSG11)

访谈中得知,戒毒人员多数工作都做不了,只能以自主创业为主,收入相对较低,为其提供就业资源是一项重要的帮扶工作。

对于戒毒人员回归社会后的发展,要让他们主动融入戒毒的制度体系,利用强制隔离戒毒机关的优势,全程参与社区康复工作形成的无缝衔接格局。一方面是建立与街道社区康复等相关工作机构的沟通联系机制,对社区康复机构和照管服务对象家属进行要求,约请相关专业心理矫治民警对他们进行危机干预、心理矫治;另一方面要协助戒毒街道社区等机构进行操守检查,为他们免费提供一些生理、心理健康的服务,配合当地政府部门展开宣传工作。

要建立衔接有序的制度体系,推进后续照管的配套措施和规定政策。在工作站建立的初期全力以赴,从工作的重点难点去发掘解决工作站的问题和制度问题,为指导站提出相应的建议,然后做好衔接的工作去签订协议,组织他们落实签订协议书进行对接,实施动态管控、跟踪回访、戒毒治疗等后续照管措施。

关于一体化的戒毒模式实践,在访谈中发现初步的探索如下:

> 一般先要了解每个学员的尿检时间是哪一天,我们要及时通知他过来尿检。在通知他过来尿检之前,我要先看一下他的档案,考虑一下他来的时候要跟他聊什么,先自己打好草稿。让他讲一下最近他有什么需要帮助的,或者上一次见面他提出了什么问题。他过来之后就跟他聊一下最近生活,然后尿检。不过有一些学员不怎么愿意聊,一开始不愿意聊的话其实也有点尴尬。像我们这种,肯定要有督导教一下我们怎么跟学员访谈,因为现在经常会遇到有一些学员不愿意聊的情况。现在一般的处理方式就是先在微信跟他多聊聊,因为没有见面的那种尴尬嘛。所以大部分人如果不愿意聊的话,我们会先私底下在微信跟他沟通,一般在微信愿意聊挺多。(2019FSSG03)

加强回归期戒毒人员与社工、家庭、社会组织的良性互动,打造戒毒命运共同体,实现回归社会"软着陆"。建立戒毒人员复吸风险评价机制,对出所后复吸风险进行评估预测,服务后续照管工作开展。建立健全所社联动机制。根据大量走访调研成果,强化与各相关部门的直接联系,规范制度,进一步固化各戒毒所与地区相关部门的联动机制,细化工作职责、工作流程,强化跟踪问效,统筹协调社会面资源,用于帮助戒毒人员回归社会正常生活。在监督跟踪环节中,要与戒毒人员的吸毒成瘾诱因相结合,如访谈资料所示:

> 因为他的很多朋友可能诱惑他,第一次不会怎么样,但经过反复怂恿,听朋友说吸毒品带来的快感,就想追求一下。然后觉得第一次,或者认为自己是"过来人",已经吸过一次,不会上瘾,都是这样被诱惑的。但是挺多人都说自己来过这里戒毒,说他吸过一两次也觉得没什么影响,想吸就吸、不想吸就不吸。我之前了解到新型毒品可能跟传统的白粉不太一样,白粉可能吸过几次的影响是特别大的,但是新型毒品不会。这部分人戒毒的意愿或许没有这么强。但如果能来找社工寻求帮助的,他们的戒毒意愿都挺强的。(2019FSSG04)

鉴于跟踪回访的需求以及吸毒诱因的不同,建立智慧戒毒大数据平台,全面梳理戒毒工作全业务数据项,实现对戒毒人员、警察和各类管理数据的汇聚。结合大数据技术运用，探索建立戒毒人员危险性分析、安全态势研判等模型，努力实现安全稳定、规范执法及戒治成效于一体的技术平台。建设戒毒人员康复回归系统，实现系统数据录入、采集、汇总、数据共享功能，完善所内日常的教育、心理等全流程管理，获取戒毒人员四期四区全阶段多维度数据，自动形成分析评估报告和科学戒毒处方进行指导。建设掌上戒毒应用系统，依托内部专网开发移动执法 App，与现有的诊断评估等信息平台进行对接，拓展戒毒民警的执法半径，实现业务的实时查询和办理。

同时，推进专业队伍增量培养。对照专业人才队伍建设目标和戒毒专业人员配备标准，按照"先易后难、各个击破"的原则，密切同高等院校及机构合作交流，组织选送优秀民警参与相应资质的集中培训和证书考取，引导和鼓励民警主动参加核心专业的学历教育。用好公务员特殊招录方式，加大专业人员招录力度。完善专业人员配备标准，持续跟踪关注司法部关于专业人员界定的政策走向，不断深化专业人才库的拓展建设。加强和改进大队、专业中心等专业平台建设，探索构建专业人员队伍横向分类、纵向分层标准，形成贯通全系统的中高级专业人才库，落实专业人员配备标准，促进专业人员的精准配备和动态调整。加强专业人员管理激励。完善专业人员队伍激励考核机制，探索推进在绩效考核、量化积分制度中增加专业岗位技能、专业绩效等专项指标，积极利用职务职级晋升、学习培训、理疗休养等载体，开展优秀教师、心理咨询师评选宣传等活动，构建专业化队伍差别化激励机制，提升专业人员队伍动力与活力。

四、强制隔离戒毒到社区康复无缝衔接制度形式重构

强制隔离戒毒到社区康复无缝衔接制度的形式重构是在原有零散的实践做法中进行有机整合，形成书信联系、所内探望、所内宣讲、家属探望和出所必接等五大形式，在所内梯度社区化与社区梯度强制隔离化的双重作用下形成的半开放半封闭空间。书信联系致力于心灵沟通，是一种所内激励措施；所内探望是一种行为支持，打通半开放半封闭区戒毒人员的所内外联动；所内宣讲是一种精神鼓舞，将成功经验带到所内；家属探望是一种关系重建的支持模式，为出所人员重建家庭支持系统；出所必接是致力于打造无缝空间，实现梯度融合的有机对接。

（一）心灵沟通：书信联系

书信联系致力于心灵沟通，是一种所内激励措施。书信联系是禁毒社

会工作无缝衔接的一个开端形式,对于社区戒毒康复无缝衔接这个环节,主要是试图解决公安部门查处戒毒人员的过程中和强制隔离戒毒人员强制隔离戒毒中,社会工作者是否需要介入?如果需要介入,依据是什么?介入的主体内容和形式分别是什么?如何介入?如何实现社区戒毒、社区康复与公安部门强制隔离戒毒的无缝衔接?

书信联系是一种所内激励,也是一种同伴信箱的沟通模式。同伴辅导员和社会工作者与在强制隔离戒毒所内戒毒的同伴之间进行书信往来这一提前介入服务,为戒毒人员能够重返社会、尽快适应和融入社会,做好必要的心理准备。通过书信联系,可以让所内与所外的人员进行心灵上的沟通,实现二者之间的有效衔接。

书信联系作为连接所内所外两个领域的重要途径,在现有实践中已经有了书信帮教的实践。在广东实现了书信帮教的试点,相关的书信志愿小组成立,每个月坚持给强制隔离戒毒所内的戒毒人员写信。信件传递到强制隔离戒毒所内,由强制隔离戒毒所内的专门人员收取信件,并将信件派发给戒毒人员,并鼓励其回信,形成正向反馈,并一起推动强制隔离戒毒工作的进展。在当地的实践中,实践初期的回信效果并不理想,书信帮教小组志愿者每个人对应服务一个戒毒学员,连续寄信两个月,一封回信都没有收到,这对戒毒帮教志愿者的信心造成了打击。后经专家指导,以及过来人的经验分享,帮助小组成员调整写作的心态和技巧,并进行持续关怀引起所内戒毒康复人员的回信兴趣,后续逐渐实现了从零到一的突破,在第三个月收到了第一封回信。虽然字数不多,但有了反馈就是一个好现象,也让志愿者有了成就感。在写作方面,逐渐以关怀口吻代替说教口吻,自然流露更多的真情实感。随着书信帮教的发展,逐渐开始吸纳曾经的被帮教学员转变为帮教志愿者,现身说法更具有说服力。曾经的受助者身份转变为助人身份,使其更具备自身荣誉感,对帮教人员也是一种正向激励。在整个活动期间,成员之间的频繁互动与交流,提升了彼此间的凝聚力,在这个过程中一步步形成小组动力,也在一步步累积彼此之间的信任。在强制隔离戒毒到社区康复的实践中,从书信帮教引申出的书信联系这一形式无疑可以作为强制隔离戒毒人员出所前的无缝衔接的开端。注重以书信联系作为心灵沟通的起点,链接所内外,支撑无缝衔接制度的生成。

(二)行为支持:所内探望

所内探望是一种行为支持,打通半开放半封闭区戒毒人员的所内外联动。在所内探望时,也可考虑将所内回归指导站的人员逐步分层级地、有条件地放置入社会,分区段进行社会适应。根据马斯洛的理论来看,社会参与是满足社会交往需要和自我实现需要的一个基础。① 霍曼斯认为,社会参与是进行社会交换的必要条件,②布迪厄认为社会参与是创建场域,③因此要在一定程度上维持戒毒人员的社会参与,意味着让社会团体进入所内进行一定程度的探望,而从外部走进来,也意味着让所内的戒毒人员适当地走出去。

根据这一设想,在强制隔离戒毒所开辟社会生活的试验区,让一些表现良好、处在回归适应期的戒毒人员尝试和家人在戒毒生活试验区中进行短期的共同生活,或者在能够保证他们安全的情况下,让他们白天可以出去工作,执行一种半封闭半开放式的管理,就如前文所提到的,从封闭空间走向开放空间的半封闭、半开放的状态。这种社会生活试验区和出所工作的状态是强制隔离戒毒制度社会化的一种重大的突破,将回归康复期和社会紧密结合,促进对戒毒人员的社会化以及他出所之后与家庭生活和社会生活的一种无缝衔接,可以在减少运行成本的同时,减少戒毒人员回归社会的时间成本。正如禁毒社会工作者在访谈中所言:

> 我们几乎每个星期都有社工进所。即使不是我,我们社工站其他社工,或者其他社工站的社工也会进所搞活动,只是每一次有不同的主题。如果他们有问题的话,像上次我负责的一个学员觉得被强戒是不合理的。我跟她父亲了解完相关法律后其实是没有异议的,查了禁毒法她就是违法了。我会拜托一下进所的社工,因为按规定这时我不能进所,也不能通过电话等方式与他进行联系,所以只能拜托下一个社工把这个事情跟他说。因为每一次他们都会借着我们社工进所提一些他们平时不能提的要求,但也是我们工作或者是法律范围允许内的。
> (2019FSSG04)

(三)精神鼓舞:所内宣讲

所内宣讲是社区戒毒康复无缝衔接中同伴教育的一个重要内容,社会学习理论认为,示范是学习过程中的一个重要因素,示范必须是一种可信的行为,这样才能具有影响力。如此,受教育者才能够去模仿示范者的行为,通过训练重回正常化。在示范教育中同伴辅导员的培养,是一种由同伴之

---

① 胡家祥:《马斯洛需要层次论的多维解读》,《哲学研究》2015年第8期,第104—108页。
② 周明侠:《论社会交换理论中的辩证法》,《学术界》2007年第2期,第216—220页。
③ 谢立中:《布迪厄实践理论再审视》,《北京大学学报(哲学社会科学版)》2019年第2期,第146—158页。

间的共性和相似性产生的榜样和示范带头作用,然后使同伴能够更好地接受信息,使同伴教育向好的方向去改变,同伴辅导员培养过程就是一种示范教育的过程。在自身保持操守的前提下,有强烈的戒毒决心、有高度的责任感和助人意愿的人去参选,通过同伴候选人到同伴预备辅导员再到同伴辅导员的完整流程,根据不同的级别进行认定。当选为同伴示范辅导员之后要开展同伴示范活动,这种活动就表现在同伴小组之间的经验交流分享互动等方面,这种示范作用是贯穿始终的。这种示范教育作用不仅表现在同伴之间的巡讲和演讲之中,还表现在选拔有潜质的同伴去演讲中,和社工去开展社区宣传活动中。这种宣传和示范的作用可以进入强制隔离戒毒所,通过自己生动且具有说服力和警示作用的康复经历,向戒毒人员普及戒毒知识,展示同伴禁毒志愿者健康向上的社会形象,帮助戒毒所内及社区内的戒毒人员通过榜样的示范来获得戒毒的信心。在实际的调研访谈中,发现所内宣讲活动的内容如下:

> 上次我的宣讲主题是人际交往的,5节人际交往的课程下来,也不可能每次都是靠PPT或者只是口头说,肯定也会有游戏的互动。会搞一些手工啊,写一下他们的认知中自己的优点缺点,具体哪一节我也忘记了。也有玩游戏,通过游戏来发现每一个长处、短处,让他们讲一下自己对于这个游戏的感触,反正是比较多元化的。因为在所里面也有比较多的局限,但能用的我们尽量用上。每一场都不会超过10个人,学员基本固定,有时候学员有所里面领导给他们的任务,他可能就缺席了,不一定每一场全部都能参加。所内的那次我好像没有参加,但是发展志愿者那次是有参加的。最后会跟他们说,我们这一次为期5节的活动就到尾声了,把我们的意愿告诉他们。他们会很配合,然后让他们讲一些自己的感触,让他们分享感受。他们会说得很全面,或者比较深切,这真的是发自内心的那种。(2019FSSG04)

> 有一节我印象比较深刻的,大概是活动的第三节或第四节,一个学员不是从第一节就开始参加,而是中途加进来的,入强戒所不久的学员。那个学员的自述情况是因为她难产之后就很痛,或者很伤心,她忍不住就又吸毒去止痛,平复心情。然后她就被强戒了,强戒之后难产的伤口还没有恢复。她借着参加我们小组活动的时机一直拉着我,一直诉说她的痛苦说:我难产的时候你把我强戒是不是不符合法律的规定?其实她这样说就表明她不能够正常地继续参加小组活动,而我又是社工,主持那个活动并跟另外两个社工配合。她就把我们小组的活

动打断了，但是我又不可以不理她，所以其实也是对我的一个考验。当时我也耐心听她讲话，但是我已经觉察到其他的学员可能对她这样的举动有意见、有反感，但是他们也比较配合，也没有直接让她不要说了。但我看到他们的脸色，我就觉得不对劲了，我就说这个问题我会帮你去了解。现在你写一下你父亲的姓名、联系电话，然后我把她刚刚说的快速记录了一下。我说出所之后我会尽量帮你去找你父亲了解这个事情。现在你先平复你的心情，这个事情你就放心，我们现在先继续参加活动。(2019FSSG04)

正如访谈中所言，在所内宣讲的环节中，包括在所内开展小组活动，这些活动存在一定的特殊性，并且存在一定的困难。但在所内的此类活动确实存在着较为显著的效果，从而发挥整个无缝衔接流程所需的效用。

（四）关系重建：家属探望

动员家属探望是一种改善和重建家庭关系的方式，社会工作的实务经验表明，健康的家庭结构和良好的家庭关系可以促进戒毒人员重拾对家庭的关怀和信任，让他们重启热爱与找到归属感。家庭成员的情感连接也是戒毒人员行为改变的重要力量，因此可以依托亲情和血缘关系，利用家庭结构治疗、家庭辅导等方式修正戒毒人员家庭的互动，强化家庭成员的正向情感因素，以此来抵御毒品的诱惑。要动员家属去所内探望，这是重建家庭关系的一个重要表现形式。社会工作者将家人组织起来开展小组工作，通过小组动力来使家庭得到支持，挖掘并运用家庭优势和资源为戒毒人员创立无毒的生活方式。同时减轻戒毒人员对家庭及家人的影响，通过包括公开讨论、倾听同理、非批判的方式去协助家人自由讨论吸毒行为和家人情绪，以此来营造宽松友善的氛围，强化家人对案主的鼓励和信任。在访谈中发现，动员家属探望是帮助戒毒人员回归社会的重要途径，在实践中有时候家属未必进所，有时也会在社工站等待。正如访谈中所言：

一般家属是不跟我们一起进所的。我们会提前联系家属，让家属来到社工站等戒毒人员。到所里面去接戒毒人员到这里来。或者先去派出所办完手续，然后再回到社工站。有些学员可能在派出所办完手续了，就迫不及待想见家人，我们也允许。社工站可以留到过后第一天，或者过后第二天再过来也行。因为其实也只是一些简单的手续，我们可以在派出所一起完成，就不用多走一遍。(2019FSSG03)

从访谈中可以看到,戒毒人员出所后,第一时间迫不及待想见家人的情况确有存在,由此可见家庭的重要性。家庭作为基本的社会单位,从预防吸毒的角度来看,家庭教育对预防吸毒有着重要作用;从戒毒角度来看,家庭也会对戒毒人员的戒断意愿产生重要的影响。无论是对父母还是子女来说,家庭亲密度以及家庭内部的情感表达等都有利于改善家庭环境,进而改善戒毒人员的无助处境。通过家属探望,有助于提升戒毒人员与家庭成员的归属感和亲密依赖关系,使戒毒人员在面对外界压力时,可以借用家人关怀给予的信心和动力,推动其实现社会化。对于从强制隔离戒毒所走向社会的人员来说,本就面临着无法融入社会的多重压力,在心理上自然就会向家庭寻求依赖和靠拢。由此,对于戒毒人员来说,良好的家庭环境和定期的家属探望是强化其戒毒信心及动机的重要形式。通过家属探望的形式促成其关系重建,建立家庭支持,进一步推动所内所外一体化的关系重建与无缝衔接。

(五) 无缝空间:出所必接

出所必接是指当强制隔离戒毒期满,当戒毒人员从强制隔离戒毒机构出来时,禁毒社会工作者必须到场接回戒毒人员。接所人员的数量取决于具体情境,最佳方案是禁毒社会工作者与警察、家属等共同接所。接到何处也取决于当时的具体情境,有可能接到社区康复机构直接签订社区康复协议,也有可能接到戒毒人员家里。当前的实践做法是接到机构签协议或回家,当康复指导站作为半封闭空间建成后,可以直接接到康复指导站,进行半封闭管理。

出所必接环节是对戒毒人员出所适应衔接机制的完善,戒毒人员接受为期两年的强制隔离戒毒,长期处在与社会隔离的状态下,与社会脱节,戒毒人员从强制隔离戒毒所到重新步入社会,如果缺乏过渡衔接就会面临家庭、就业、社会融入等困难,出所必接这一环节可以使得在面对社会歧视等压力时为他们提供一道基础的防线,否则戒毒人员很容易逃避和正常人的社会交往,从而再走上复吸的道路。社会工作者和民警共同去接所,将戒毒人员从强制隔离戒毒所中接出来,然后签订协议并开展后续服务。出所必接是无缝衔接的核心环节,在实践中,通过访谈得知,已有相关的实践活动:

> 有些学员在出所无缝对接的时候已经与我们接触过,甚至已经给他建档了,所以我们要看无缝对接是不是第一次跟他接触。如果已经不是第一次接触的话,就不用那么机械地去跟他说了。如果是真正意义上的第一次跟他接触,就简单跟他介绍我们社工有怎么样的职责,我

们这个机构有一些什么服务。主要是从帮助他的角度去跟他聊,尽量不要聊每个月要你来报到尿检,你要配合我们。像我的话,因为我是本地人,他们一般也是本地人,就会比较容易用粤语沟通,就像朋友那种口吻。我也不怕跟他说我之前接的什么学员你可能认识,但是我不会先主动说那个人。我会说一些已经出所的比较好的成功案例,然后说他是怎么样定期过来的,我们怎么样帮过他,他现在取得了什么进步,然后来跟他拉近关系。因为他出所前我们会先看一下他的资料,了解他居住在哪里,有什么基本信息,对他的家庭状况先了解了,然后从这些方面入手,反正就是像朋友一样聊。(2019FSSG03)

正如访谈中所言,禁毒社会工作者贯穿于无缝衔接的整个过程,在与戒毒人员的互动过程中,通过书信联系、所内探望、所内宣讲、动员家属探望和出所必接等形式,加强戒毒人员与社会的联系,促进其恢复,解决其适应性困境,从而更好地融入社会。

第七章 结论与讨论

一、结论

（一）强制隔离戒毒与社区康复无缝衔接制度何以可能

要对本书的内容进行总结和归纳，就需要回到本书的研究问题。本书的研究问题是强制隔离戒毒与社区康复无缝衔接制度何以可能？何以可为？围绕着上述问题，本书进行了分析和探讨，最终得出以下结论：

第一，当前从强制隔离戒毒到社区康复存在着衔接机制缺失的问题，虽然各地有着无缝衔接实践的探索，但仍存在一定的问题。强制隔离戒毒具有一定的封闭性、强制性、等级性、无自由等特征，社区康复具有开放性、民主性、平等性及自由性等特征。这使强制隔离戒毒人员由强制隔离戒毒场所返回社会时形成巨大落差，难以适应。在其思维方式、行为方式、社会交往方式、生活方式、处理问题的方式等众多方面面临困难。虽然在地方上已有从强制隔离戒毒到社区康复的"无缝衔接"尝试，但这种"无缝衔接"并不是真正意义上的无缝衔接，虽然能在一定程度上发挥作用，但无法从根本上解决问题。衔接机制的缺失，导致戒毒人员回归社会受阻，形成脱失与复吸的现象，影响戒毒康复效果。

第二，从空间的角度来看，强制隔离戒毒所作为封闭空间，与作为开放空间的社区之间存在着沟壑，空间转换下产生的不适影响戒毒人员的戒毒康复效果。从强制隔离戒毒所进入社区是由封闭空间快速进入开放空间，空间急速转换可能导致戒毒效果大幅下降，戒毒人员能保持操守的比例大为降低。访谈资料也证实，从隔离的封闭空间转向开放空间的冲突造成了复吸率的上升。从空间属性上来看，封闭空间与开放空间中的边界、通达度、隐匿因素、监控能力皆有不同。强制隔离戒毒所作为一种封闭空间有着明晰的边界，而社区则缺乏严格边界、趋于开放，大家可自由出入。明晰边界与无边界自由出入之间就存在着冲突，戒毒康复者在社区中难以感知空间的约束感。在强制隔离戒毒所的封闭空间中，戒毒人员被严格管控，活动区域被严格限定,社区内则可以相对自由行动。二者在空间通达度方面也存在着显著差异。强制隔离戒毒所内被全方位监控,戒毒人员更倾向于遵守规定以免被惩罚,而在社区内只有在特定的时间和地点才被监控,其他时间即使是藏匿毒品,被发现的概率也较低,这就形成了复吸的隐患。由此,基于空间的视角分析,在空间转换的背景下,强制隔离戒毒与社区康复无缝衔接制度构建是势在必行的。

第三,从制度的角度来看,空间转换需要无缝衔接制度。在制度空间理论的分析视角下,充分剖析了这一问题。制度空间化是制度由社会性存在转变为空间存在的过程,将自己映射入空间,形塑空间,主要表现为制度对不同行为主体空间的边界界定、空间内部行为活动的引导功能和限定。在强制隔离戒毒到社区康复无缝衔接制度中,规划规则限定了所内分区与所外社区及不同空间对应的活动强度与内容,形塑出其对应制度的空间特征与价值,如封闭隔离价值与开放合作价值等。不同制度安排产生了不同的空间,新的制度必须构建新的空间,以此来适应新的物质空间和社会空间的再生产。制度安排和变迁必然导致空间的分化,产生制度空间化的情况,并且伴随着空间的解构与重构,根据制度的生产逻辑与过程重新进行空间排列组合与联结,构建出新的空间结构与形态。空间制度化是由空间激发出的制度变迁,通过空间解构与重构的手段来实现制度的生产和再生产。制度作为空间制度化的核心驱动力,通过对空间解构与重构来实现制度的生产与再生产,以空间为容器,在空间中衍生制度,引导新的制度安排。通过对空间规则的设计来激发制度的变迁。从强制隔离戒毒到社区康复,两种制度下的冲突需要一定的衔接机制填充和弥合二者之间的断裂与沟壑。在空间规则设计环节,主要方式是在封闭的空间内增加其开放性,在开放的空间内增加其封闭性。通过环境设计预防犯罪是环境犯罪心理学的重要分支,同理,通过环境设计预防复吸,也可借鉴上述方式。由此,在空间设计下的制度安排,是实现强制隔离戒毒与社区康复无缝衔接制度的必然选择,也证明了其可行性。

(二)强制隔离戒毒与社区康复无缝衔接制度的发展与创新

本书的研究创新体现为以下几方面。

第一,理论应用的创新。本书对从封闭到开放的空间衔接与转换问题进行了讨论,以往对封闭空间向开放空间的转换衔接研究不多,多是集中于对封闭空间与开放空间各自分别进行研究。本书以制度空间理论为基础,以戒毒人员出所前后空间转换为切入点,概述了封闭空间的特点、开放空间的特点,以及从封闭空间走向开放空间所产生的问题与困境,并寻求困境的解决机制。在具体的空间表现上,首先,提出梯度融合与有机对接,在封闭空间与半封闭空间中划分出一块半开放半封闭空间,在实践中增加强制隔离戒毒所内的开放性,将强制隔离戒毒所内完全封闭的空间打开,形成一个半封闭的空间;其次,增加社区的封闭性,将原本完全开放的社区收缩,划定出一个有一定限制的半开放空间,如此使两者在同一水平度上,最后在半开放空间与半封闭之间进行有机对接。

第二,研究场域的创新。以往的研究中多是对强制隔离戒毒制度进行讨论,也有部分对社区康复制度的讨论,但对于两者之间的衔接机制的讨论极少。本书对从强制隔离戒毒到社区康复无缝衔接的讨论,弥补了禁毒社会工作相关研究的不足,拓展了禁毒社会工作的研究场域。就该场域中的强制隔离戒毒人员社会适应主线而言,本书提出对制度缝隙的填补在根本上还是取决于强制隔离戒毒机构空间安排的梯次弱封闭化,从实际上形成梯次强制性制度,使强制隔离戒毒制度与社区康复制度衔接起来,同时实现与已有无缝衔接实践的有机整合。

第三,制度设计的创新。过往研究有关于强制隔离戒毒制度和社区康复制度的研究,以及对于无缝衔接实践的探索,缺少对无缝衔接制度的研究。本书基于无缝衔接实践困境的应对,提出了集流程、主体、内容和形式于一体的无缝衔接制度重构,这是对已有研究的提升与创新。本书的制度重构部分,是基于梯度融合与有机对接形成的空间对接与制度生成。强制隔离戒毒机构的梯度社区化,社区康复的梯度强制隔离化,从而形成强制隔离戒毒一部分与社区康复一部分的互渗与重合,生成无缝衔接制度。

二、讨论

(一)基于无缝衔接制度的研究不足

第一,理论深度和分析不足,与理论的对话存在不足。从理论基础来看,本书主要是围绕制度空间理论这一分析框架展开的,在章节设置中沿用了制度空间化与空间制度化的理论分析安排。虽然在一定程度上契合了从强制隔离戒毒到社区康复的空间转换与制度安排,是对该理论的应用和补充,但未能对该理论进行本质上的修整与提升,从而导致理论深度不足。除此之外,理论基础在全文中起到指导作用,在行文中与理论对话尚有不足。从主体章节上来看,在对强制隔离戒毒到社区康复无缝衔接的空间安排与制度设置进行分析提炼时,理论功底尚显不足,还需要进一步提升理论高度。造成这种现象的原因:一是笔者的研究能力和学术功底有待进一步提升,在研究过程中虽然捕捉到了理论和现实之间的张力,但却难以言简意赅地使用学术语言进行表述，难以充分地将研究发现以更加学术化、理论化的方式抽象处理并形成新的理论；二是本书的选题较为新颖且稀缺，国内外相关研究不多，对于强制隔离戒毒与社区康复无缝衔接制度的讨论分别在两端进行，对于衔接机制的讨论较少。由此，本书多是"摸着石头过河"，可提供的借鉴和参考很少。

第二，本书的无缝衔接制度尚属于一种理论构想，虽然现实中已经有无缝衔接的实践，但并未真正形成无缝衔接的规范性制度，对此的研究需要进一步深化。本书从空间的角度出发，将封闭空间中的强制隔离戒毒所中戒毒人员的状态与开放空间社区中戒毒人员的状态进行总结对比，观察他们在不同空间中的表现，以及不同空间的制度设置，不同分期及具体制度上的多元主体互动，不同主体间的博弈，并对各自扮演的角色进行剖析，对无缝衔接制度的内容和形式作出叙述，但是本书依然属探索式研究，并未找到实例进行制度有效性论证，需继续深入研究。

第三，本书对于制度发展提供的建议有限。本书依托经验材料对戒毒人员从强制隔离戒毒所到社区康复的过程展开剖析，通过与空间制度理论结合进行无缝衔接制度的构想，而法律法规制度的完善、各部门利益之间的冲突和矛盾是一个复杂多元的系统，并非一项研究能简单解决，需要多元探索，利用各种形式予以完善。但笔者同时担心对上述问题进行过于具体的探讨，会导致本书主题不够突出，偏离本书的主旨，因此，为了保证本书的一致性，聚焦中心话题，故将其简化。

（二）无缝衔接制度的新发展

尽管本书对"强制隔离戒毒与社区康复无缝衔接制度研究"进行了深入且富有成效的探讨，并获得了一系列有价值的研究结论，但仍有进一步完善的空间，因此未来研究可以从以下方面进行提升：

第一，强制隔离戒毒制度、社区康复制度、从强制隔离戒毒到社区康复无缝衔接社会工作制度，三者之间是相互生成的关系。从强制隔离制度下的戒毒人员到社区康复制度下的康复人员，首先是身份的转变、规训方式的转变、生活空间的转变，从而造成断崖式反复，由此问题产生了无缝衔接构思。这种制度缝隙的填补在根本上还是取决于强制隔离戒毒机构空间安排的梯次弱封闭化，使强制隔离戒毒制度与社区康复制度衔接起来，同时实现与已有无缝衔接实践的有机整合。只有这样，才能形成真正意义上的无缝衔接制度。如何对强制隔离戒毒制度、社区康复制度与无缝衔接制度三者之间的互动逻辑进行分析，是接下来可选择的深入研究方向。

第二，对无缝衔接制度下的行动主体可以进一步分析，除此之外，对无缝衔接制度下的禁毒社会工作者的刚性和柔性控制、身体和心理的刚性控制、心理和思想上的柔性控制也是可以继续深入的研究内容。还有在社区戒毒康复无缝衔接、签订协议、社区戒毒康复期间的冲突及其解决方式,亦值得深入研究。在整个涉及无缝衔接制度框架的过程中的上述细节与分支,都将是本书的继续扩展研究之处,从而综合完善从强制隔离戒毒到社区康复无缝衔接的社会工作制度。

附录：禁毒社会工作者访谈提纲

1. 个人基本情况(学历、专业、从事禁毒社工年限)
2. 关于社区康复与强制隔离戒毒的无缝衔接,您需要做什么？（在所期间、出所时）
3. 社区戒毒、社区康复的流程是什么样的？关于社区戒毒你们要做哪些工作？关于社区康复你们要做哪些？社区戒毒和社区康复在具体操作有什么区别？（追问协议签订、尿检、报到、心理疏导、就业帮扶、家访、评估、解除社区戒毒、排查等分别怎么做？有无参考标准和考核方式？）分级分类
4. 在社区戒毒和社区康复期间,有哪些规定？或者社区戒毒和康复对象需要遵循哪些规定？（这些文件是否方便给我们看一下？）
5. 针对戒毒对象的违规行为,您一般怎么处理？
6. 是否有外来人口在本地戒毒？交接工作是怎么做的？
7. 有没有超期不报到和脱管的情况？遇到这种情况,如何处理？有文件规定吗？
8. 有没有严重违法社区戒毒协议而被送强戒的？多不多？一般遇到这种严重违法协议的对象,您会怎么做？
9. 您的工作中会接受社会工作专业培训吗？您会在工作中应用社会工作的理论方法吗？
10. 您的工作中会有社会工作专业督导吗？
11. 您工作中遇到的困难有哪些？
12. 你们和街道办、公安、综治办等部门的关系是怎样的？
13. 您有没有什么印象深刻的案例？

参 考 文 献

一、著作类

［1］〔法〕爱弥尔·涂尔干：《宗教生活的基本形式》，渠东等译，上海人民出版社 2006 年版。

［2］包亚明：《后现代性与地理学的政治》，上海教育出版社 2001 年版。

［3］包亚明：《现代性与空间的生产》，上海教育出版社 2003 年版。

［4］〔美〕保罗·诺克斯，〔美〕史蒂文·平奇：《城市社会地理学导论》，柴彦威等译，商务印书馆 2005 年版。

［5］〔法〕皮埃尔·布迪厄，〔美〕华康德：《实践与反思：反思社会学导引》，李猛、李康译，中央编译出版社 2004 年版。

［6］陈忠：《空间与城市哲学研究》，上海社会科学院出版社 2017 年版。

［7］〔美〕道格拉斯·诺斯：《制度、制度变迁与经济绩效》，刘守英译，生活·读书·新知三联书店 1994 年版。

［8］高宣扬：《布迪厄的社会理论》，同济大学出版社 2004 年版。

［9］黄少安：《产权经济学导论》，山东人民出版社 1995 年版。

［10］贺培育：《制度学：走向文明与理性的必然审视》，湖南人民出版社 2004 年版。

［11］〔英〕赫伯特·斯宾塞：《社会静力学》，张雄武译，商务印书馆 1996 年版。

［12］〔美〕塞缪尔·亨廷顿：《变化社会中的政治秩序》，王冠华等译，生活·读书·新知三联书店 1989 年版。

［13］〔法〕亨利·列斐伏尔：《空间与政治》，李春译，上海人民出版社 2015 年版。

［14］〔美〕安东尼·吉登斯：《社会的构成：结构化理论大纲》，李康等译，生活·读书·新知三联书店 1998 年版。

［15］〔德〕柯武刚，〔德〕史曼飞：《制度经济学：社会秩序与公共政策》，韩

朝华译,商务印书馆 2000 年版。
[16] 李春敏:《马克思的社会空间理论研究》,上海人民出版社 2012 年版。
[17] 林聚仁:《社会网络分析:理论、方法与应用》,北京师范大学出版社 2009 年版。
[18] 《现代汉语辞海》编辑委员会:《现代汉语辞海》,中国书籍出版社 2002 年版。
[19] 卢现祥:《寻找一种好制度》,北京大学出版社 2012 年版。
[20] 卢现祥:《西方新制度经济学》,中国发展出版社 2003 年版。
[21] 〔德〕卡尔·马克思,〔德〕弗里德里希·恩格斯:《德意志意识形态(节选本)》,中央编译局译,人民出版社 2018 年版。
[22] 〔德〕卡尔·马克思,〔德〕弗里德里希·恩格斯:《马克思恩格斯选集》,中央编译局译,人民出版社 2012 年版。
[23] 〔英〕马林诺斯基:《科学的文化理论》,黄剑波译,中央民族大学出版社 1999 年版。
[24] 〔西〕曼纽尔·卡斯特:《网络社会的崛起》,夏铸九、王志弘等译,社会科学文献出版社 2001 年版。
[25] 〔英〕米尔恩:《人的权利与人的多样性:人权哲学》,夏勇等译,中国大百科全书出版社 1995 年版。
[26] 潘可礼:《社会空间论》,中央编译出版社 2013 年版。
[27] 〔日〕青木昌彦:《比较制度分析》,周黎安译,上海远东出版社 2001 年版。
[28] 〔英〕齐格蒙特·鲍曼:《流动的现代性》,欧阳景根译,中国人民大学出版社 2018 年版。
[29] 〔挪〕诺伯格·舒尔兹:《存在·空间·建筑》,尹培桐译,中国建筑工业出版社 1990 年版。
[30] 〔奥〕维克多·E.弗兰克尔:《追寻生命的意义》,何忠强、杨凤池等译,新华出版社 2003 年版。
[31] 文军主编:《西方社会学理论:经典传统与当代转向》,上海人民出版社 2006 年版。
[32] 徐晓冬:《中国制度:顶层设计理论框架与实践案例》,人民出版社 2013 年版。
[33] 辛鸣:《制度论:关于制度哲学的理论建构》,人民出版社 2005 年版。
[34] 〔日〕原广司:《空间——从功能到形态》,张伦译,江苏科学技术出版社 2017 年版。

［35］〔英〕约翰斯顿主编:《人文地理学词典》,柴彦威等译,商务印书馆 2005 年版。

［36］〔美〕约翰·康芒斯:《制度经济学》,于树生译,商务印书馆 1962 年版。

［37］〔美〕伊恩·罗伯逊:《社会学》,黄育馥译,商务印书馆 1990 年版。

［38］詹和平:《空间》,东南大学出版社 2006 年版。

［39］张宇燕:《经济发展与制度选择:对制度的经济分析》,中国人民大学出版社 1992 年版。

［40］邹吉忠:《自由与秩序:制度价值研究》,北京师范大学出版社 2003 年版。

［41］郑杭生主编:《社会学概论新修　精编本》,中国人民大学出版社 2015 年版。

［42］曾小华:《文化·制度与社会变革》,中国经济出版社 2004 年版。

［43］Bowles, S.: "*Microeconomics: Behavior, Institutions, and Evolution*", Princeton University Press, 2004.

［44］Lauwe, C.: "essais de sociologie 1952 – 1964", Paris: Les Editions Ouvrières, 1965.

［45］Parsloe, P.: "Records in Social Services Departments-An Unrecognized Revolution", *International Journal of Information Management*, Mar. 1986, p.2 – 56.

［46］Harvey, D.: "Social Justice and the City", Oxford: Basil Blackwell, 1988.

［47］Lauwe, H.: "Paris et l'agglomération parisienne: L'espace social dans une grande cite", Paris: Pressed Universitaires de France, 1952.

［48］Lefebvre, H., "The Production of Space", Blackwell Publishing.

［49］Lefebvre, H., Translated by Nicholson-Smith D.: "The production of space", Oxford: Basil Blackwell, 1991. (Original Work Published in 1974)

［50］Brandwein, R. A., Kendall K.: "A Social Work Institution", *Affilia Spring*, 2005.

［51］Sugden, R.: "Co-operation and Welfare", *The Economics of Rights*, Oxford: Basil Blackwell, 1986.

［52］Simon, G.: "L'Espace des travailleurs tunisiens en France: structures et fonctionnement d'un champ migratoire internationall", Paris: Saint Martin d'Hères, 1981.

[53] Timms, N.: "Recording in Social Work", London: Routledge & Kegan Paul, 1972.

二、论文类

[1] 包涵:《强制或医疗:社区戒毒制度的"名与实"之辨》,《华东理工大学学报(社会科学版)》2020年第3期。

[2] 包涵:《中国强制隔离戒毒的法律定位及制度完善》,《北京社会科学》2015年第5期。

[3] 包先康、朱士群:《社会工作视域下的社会治理创新》,《中州学刊》2016年第5期。

[4] 蔡家麟:《试论田野作业中的参与观察法》,《云南民族学院学报(哲学社会科学版)》1994年第1期。

[5] 陈晶羽:《我国社区戒毒研究文献综述》,《法制与社会》2014年第5期。

[6] 陈启:《强制隔离戒毒人员心理矫治初探》,《河南司法警官职业学院学报》2016年第2期。

[7] 陈东亚:《安帮工作实施无缝衔接效果好》,《人民调解》2008年第6期。

[8] 陈涛:《社会工作专业使命的探讨》,《社会学研究》2011年第6期。

[9] 晁恒、李贵才、王砾:《制度空间下国家级新区空间重构过程与机制——以重庆两江新区为例》,《城市发展研究》2018年第6期。

[10] 陈有真、段龙龙:《经济地理学的制度转向:弹性生产空间与制度厚度》,《天府新论》2014年第2期。

[11] 陈氚:《制度概念的歧义与后果》,《湖南师范大学社会科学学报》2013年第2期。

[12] 戴迎红、张玉旺:《坚持无缝衔接实现教育改造安置帮教一体化》,《环渤海经济瞭望》2014年第12期。

[13] 段鹏飞:《如何正确把握社会工作服务的"三观"》,《中国社会工作》2017年第24期。

[14] 杜晓利:《富有生命力的文献研究法》,《上海教育科研》2013年第10期。

[15] 冯元:《新时期社会工作参与社会治理:理论依据、动力来源与路径选择》,《社会建设》2017年第6期。

[16] 费梅苹:《意义建构:戒毒社会工作服务的实践研究——以上海社区

戒毒康复服务中的同伴教育为例》,《华东理工大学学报（社会科学版）》2011年第2期。

[17] 费梅苹:《本土化视野下社区戒毒康复社会工作服务研究——以上海同伴教育为例》,《华东理工大学学报（社会科学版）》2017年第1期。

[18] 傅广宛、李志强、赵翊武:《我国公共政策量化分析范式的变迁研究》,《行政科学论坛》2015年第4期。

[19] 符军、宋维俏、郭青、符安之:《个案工作在强制隔离戒毒领域的应用研究》,《中国药物滥用防治杂志》2016年第6期。

[20] 葛道顺:《社会工作制度建构：内涵、设置与嵌入》,《学习与实践》2012年第10期。

[21] 高峰:《城市空间生产的运作逻辑——基于新马克思主义空间理论的分析》,《学习与探索》2010年第1期。

[22] 高进、刘航:《滕尼斯共同体思想：渊源、主旨与反思》,《社会科学动态》2023年第11期。

[23] 关信平:《论当前我国专业社会工作的制度建设》,《国家行政学院学报》2017年第5期。

[24] 郭伟和:《后专业化时代的社会工作及其借鉴意义》,《社会学研究》2014年第5期。

[25] 龚定宏:《团体心理咨询在社区戒毒中的效果评价》,《上海医药》2013年第6期。

[26] 韩丹:《社区戒毒模式研究——基于多元整合视角的实证分析》,《西南政法大学学报》2011年第4期。

[27] 韩丹:《中国戒毒理念的社会学视野——从治疗理念向康复理念的范式转换》,《福建论坛（人文社会科学版）》2015年第3期。

[28] 韩勇、余斌、朱媛媛:《英美国家关于列斐伏尔空间生产理论的新近研究进展及启示》,《经济地理》2016年第7期。

[29] 韩央迪、赖晓苗、周晶:《社会服务机构中社会工作者的政策实践——基于上海市A机构的初步研究》,《中国社会工作研究》2018年第1期。

[30] 何雪松:《迈向中国的社会工作理论建设》,《江海学刊》2012年第4期。

[31] 贺岚:《论结构式家庭治疗在社区戒毒中的应用》,《湖南警察学院学报》2017年第3期。

[32] 侯连英、侯连玉、龙辉:《无缝衔接一体化急救护理模式在严重创伤病

人中的应用》,《护理学报》2010 年第 18 期。

[33] 胡家祥:《马斯洛需要层次论的多维解读》,《哲学研究》2015 年第 8 期。

[34] 胡鹏、张昱:《基于戒毒者行为逻辑的戒毒法律制度完善研究》,《甘肃政法学院学报》2014 年第 6 期。

[35] 胡鹏、王竞可:《论社会工作介入社区戒毒(康复)中的意义》,《云南警官学院学报》2010 年第 1 期。

[36] 黄明涛:《具体合宪性审查的必要性及其制度空间》,《比较法研究》2020 年第 5 期。

[37] 黄洪基、田保传:《体制创新与禁毒工作的社会化——关于上海禁毒社会工作制度的思考》,《上海大学学报(社会科学版)》2006 年第 4 期。

[38] 吕拉昌、魏也华:《新经济地理学中的制度转向与区域发展》,《经济地理》2005 年第 4 期。

[39] 和学新:《社会转型与当代中国的教育转型》,《华中师范大学学报(人文社会科学版)》2006 年第 2 期。

[40] 何亭苇、包涵:《福利多元主义视角下社区戒毒制度的反思与改良》,《广西警察学院学报》2018 年第 4 期。

[41] 何志雄、罗伟导、丘志文、邱鸿钟:《对吸毒原因的调查与分析》,《中国药物滥用防治杂志》2004 年第 1 期。

[42] 何亭苇、包涵:《福利多元主义视角下社区戒毒制度的反思和改良》,《广西警察学院学报》2018 年第 4 期。

[43] 姜晓萍:《国家治理现代化进程中的社会治理体制创新》,《中国行政管理》2014 年第 2 期。

[44] 蒋国生:《初高中思想政治课无缝衔接初探》,《教学月刊(中学版)》2007 年第 9 期。

[45] 雷海波:《艺术自组织与社区戒毒康复创新》,《华东理工大学学报(社会科学版)》2021 年第 6 期。

[46] 李蕾蕾、苏玉石、刘晶:《社会网络的空间化:以深圳传媒产业为例的社会地理网络研究》,《人文地理》2013 年第 4 期。

[47] 李元来:《承认视域下社会工作机构的再定位及政策趋向》,《安庆师范大学学报(社会科学版)》2017 年第 3 期。

[48] 李建国:《社区戒毒制度的立法完善探析——基于〈中华人民共和国禁毒法〉的分析》,《云南警官学院学报》2018 年第 5 期。

[49] 李子洋、马志强、刘果瑞、刘伟、程晓宇：《本土化团体治疗对强制隔离戒毒的研究进展》，《中国全科医学》2019 年第 2 期。

[50] 李振玉：《我国社区戒毒制度困境及对策探析》，《犯罪与改造研究》2016 年第 12 期。

[51] 林苇、王占洲：《社区戒毒的困境及其对策研究——以贵州省为例》，《广西警官高等专科学校学报》2016 年第 6 期。

[52] 李姝音、黄莺：《我国现行强制戒毒制度研究》，《政法学刊》2005 年第 3 期。

[53] 李梦、赵岚岚、贾忠伟：《强制隔离戒毒人员健康认知及影响因素分析》，《中国药物滥用防治杂志》2018 年第 4 期。

[54] 李迎生：《我国社会工作职业化的推进策略》，《社会科学研究》2008 年第 5 期。

[55] 刘燕、万欣荣：《中国社会转型的表现、特点与缺陷》，《社会主义研究》2011 年第 4 期。

[56] 刘群、韩锋：《发展型救助与社会工作介入》，《东岳论丛》2012 年第 6 期。

[57] 刘继同：《中国现代社会福利发展阶段与制度体系研究》，《社会工作》2017 年第 5 期。

[58] 刘继同：《中国特色现代社会工作制度框架设计研究》，《北京大学学报》2014 年第 6 期。

[59] 刘江、顾东辉：《"约束—内化"vs.反思性实践认知——社会工作伦理守则与留职意愿关系研究》，《社会学研究》2022 年第 2 期。

[60] 刘平亮、阳鑫：《强戒人员戒毒动机分析及对策研究》，《犯罪与改造研究》2017 年第 7 期。

[61] 刘敬娟、李新：《浅谈未成年人社区矫正无缝衔接机制——以预防失足青少年再犯罪为视角》，《山东审判》2017 年第 3 期。

[62] 刘德隆、余功才、方华坤：《关于强制隔离戒毒人员教育矫治方法的实践与思考》，《中国司法》2011 年第 1 期。

[63] 梁延志、高玉芳：《强制隔离戒毒领域的社会工作介入研究——基于需求层次理论的视角》，《中国药物依赖性杂志》2017 年第 5 期。

[64] 林青：《空间生产的双重逻辑及其批判》，《哲学研究》2016 年第 9 期。

[65] 吕素兰、赵鸿仁：《论强制隔离戒毒转型发展中的制度推进》，《中国司法》2015 年第 4 期。

[66] 马洁：《从需要层次理论谈社区戒毒心理矫治技术》，《法制与社会》

2015年第29期。

[67] 马滔、岳光辉、吴珑：《"三期四区"强制隔离戒毒模式探究——以星沙强制隔离戒毒所为例》，《湖南警察学院学报》2016年第6期。

[68] 孟令择、徐朝辉：《制度化的思考》，《西北民族大学学报（哲学社会科学版）》2005年第3期。

[69] 欧阳东、朱喜钢、张强、赵四东：《制度空间化与空间制度化：边境型自由贸易试验区规划实践与思考》，《规划师》2020年第9期。

[70] 潘可礼：《亨利·列斐伏尔的社会空间理论》，《南京师范大学学报（社会科学版）》2015年第1期。

[71] 萍方：《"社区为本"的信访社会工作模式的运用研究——以K社区平息独生子女政策争议为例》，《社会工作》2014年第1期。

[72] 彭华民：《中国社会工作学科：百年论争、百年成长与自主性研究》，《社会科学》2017年第7期。

[73] 潘绥铭、侯荣庭、高培英：《信任重建与社区再融入：社区戒毒长效机制研究》，《山西师范大学学报》2014年第3期。

[74] 屈振辉：《论我国社会工作立法的形成路径》，《社会工作与管理》2015年第1期。

[75] 齐延安：《关于推进强制隔离戒毒工作的路径思考》，《中国司法》2015年第12期。

[76] 齐一泽、戴柔丽、吴兆京、王正德、张磊、马腾飞：《中国大陆戒毒药物使用现状与进展》，《南京医科大学学报（自然科学版）》2022年第3期。

[77] 任文启、魏洽：《拟制的高峰体验与内在意义感的重构和维系：同伴教育戒毒模式机理探析》，《兰州学刊》2020年第12期。

[78] 瑞仕格（上海）商贸有限公司：《美国冷藏低温配送中心无缝衔接生产与配送》，《物流技术与应用》2018年第6期。

[79] 孙晓莉：《西方国家政府社会治理的理念及其启示》，《社会科学研究》2005年第2期。

[80] 孙晓莉：《多元社会治理模式探析》，《理论导刊》2005年第5期。

[81] 唐斌：《社会工作专业干预下的同伴教育——以上海市P镇"女性戒毒沙龙"为例》，《青少年犯罪问题》2008年第6期。

[82] 滕关和、赵鸿仁：《"四四五"戒毒模式下法治建设推进之理性思考》，《中国司法》2017年第1期。

[83] 童敏：《社会工作本质的百年探寻与实践》，《厦门大学学报（哲学社会科学版）》2009年第5期。

[84] 王浦劬：《国家治理、政府治理和社会治理的含义及其相互关系》，《国家行政学院学报》2014 年第 3 期。

[85] 王瑞鸿：《制度建设是通往社工春天的康庄大道》，《中国社会工作》2011 年第 32 期。

[86] 王瑞山：《试论我国强制隔离戒毒制度的完善》，《华东师范大学学报（哲学社会科学版）》2015 年第 3 期。

[87] 王佑宇：《社会工作专业方法应用于社区戒毒工作的探讨》，《中国药物滥用防治杂志》2017 年第 4 期。

[88] 王伟、黄永祥：《社会工作介入社区戒毒实践的优势探析》，《农村经济与科技》2017 年第 6 期。

[89] 王成宇、李凡：《社区戒毒中的艺术干预心理辅导研究》，《农村经济与科技》2018 年第 5 期。

[90] 王磊、孟令伶：《无缝衔接式一体化护理干预对急性脑卒中血管再通患者就诊流程的优化及疗效分析》，《检验医学与临床》2018 年第 9 期。

[91] 王思斌：《中国社会工作的嵌入性发展》，《社会科学战线》2011 年第 2 期。

[92] 王思斌：《中国本土社会工作实践片论》，《江苏社会科学》2011 年第 1 期。

[93] 王思斌：《积极社会心态的建构及社会工作的作用》，《中国社会工作》2018 年第 7 期。

[94] 王思斌：《社会转型中的弱势群体》，《中国党政干部论坛》2002 年第 3 期。

[95] 王思斌：《我国社会工作制度建设分析》，《社会工作与管理》2013 年第 5 期。

[96] 王小兰、陈涛：《发展性社会工作的理论与实践》，《中国社会工作研究》2017 年第 2 期。

[97] 王玮玮：《"无缝衔接"精准帮扶刑满释放人员》，《中国社会工作》2018 年第 15 期。

[98] 王丰龙、刘云刚：《空间生产再考：从哈维到福柯》，《地理科学》2013 年第 11 期。

[99] 王宏玉、曹虹：《我国限制人身自由人员未成年子女救助模式研究——以福建省教育援助协会为视角》，《中国人民公安大学学报（社会科学版）》2018 年第 5 期。

[100] 王勇、李广斌、施雯：《苏州城市空间生产特征与机制——兼论苏州城市空间结构演化》，《现代城市研究》2015年第11期。

[101] 魏成、陈烈：《制度厚实、制度空间与区域发展》，《人文地理》2009年第2期。

[102] 文军：《个体主义还是整体主义：社会工作核心价值观及其反思》，《社会科学》2008年第5期。

[103] 文军、刘昕：《近八年以来中国社会工作研究的回顾与反思》，《华东理工大学学报（社会科学版）》2015年第6期。

[104] 闻英：《社会建设与社会工作制度的建构》，《人民论坛》2012年第9期。

[105] 闻英：《充分发挥社会资本在社会建设与社会工作制度建构中的作用》，《郑州大学学报》2012年第4期。

[106] 吴倩影、陈天真、赵敏：《女性强制隔离戒毒人员戒毒动机与负性情绪的相关分析》，《精神医学杂志》2018年第3期。

[107] 吴国盛：《希腊人的空间概念》，《哲学研究》1992年第11期。

[108] 许书萍、张勇、徐定、张坤：《强制隔离戒毒人员出所复吸风险评估及干预对策研究》，《华东理工大学学报（社会科学版）》2021年第6期。

[109] 肖文涛：《社会治理创新：面临挑战与政策选择》，《中国行政管理》2007年第10期。

[110] 肖林：《"'社区'研究"与"社区研究"——近年来我国城市社区研究述评》，《社会学研究》2011年第4期。

[111] 谢川豫：《新时期我国戒毒模式的发展及挑战》，《中国人民公安大学学报（社会科学版）》2013年第3期。

[112] 席小华：《论少年司法社会工作的开展理念与政策基础》，《原道》2017年第1期。

[113] 谢立中：《布迪厄实践理论再审视》，《北京大学学报（哲学社会科学版）》2019年第2期。

[114] 徐安琪、吴迪：《浅析校园霸凌问题的学校社会工作介入与政策法规研究》，《劳动保障世界》2017年第27期。

[115] 肖向前：《社会转型期加强社区建设存在的问题与对策》，《行政与法》2017年第4期。

[116] 向德平、陈琦：《社会转型时期群体性事件研究》，《社会科学研究》2003年第4期。

[117] 徐猛：《社会治理现代化的科学内涵、价值取向及实现路径》，《学术

探索》2014年第5期。

[118] 徐晓凤、利爱娟:《近六年我国社会工作研究进展(2009—2014年)——基于〈人大复印资料·社会工作〉载文分析》,《社会工作与管理》2016年第2期。

[119] 杨浩、张京祥:《土地财政驱动城市空间生产的机制与效应研究——以南京河西新城为例》,《国际城市规划》2018年第1期。

[120] 杨森:《中国社会转型的特殊性分析》,《甘肃社会科学》2003年第1期。

[121] 袁曙宏、韩春晖:《社会转型时期的法治发展规律研究》,《法学研究》2006年第4期。

[122] 杨永生、朱震东、蒲悦文:《在"四三二"模式下打造智慧型戒毒所的设想与对策》,《中国司法》2016年第6期。

[123] 阎晓丽、王凤兰、郝学敏:《"6+1"心理戒毒及防复吸干预模式的构建及实践——一项基于山西太原的实证研究》,《中国药物滥用防治杂志》2016年第1期。

[124] 姚建龙:《禁毒法与我国戒毒体系之重构——风险预估与对策建议》,《中国人民公安大学学报(社会科学版)》2008年第2期。

[125] 叶雄、张艳:《同伴教育在社区戒毒康复中的应用》,《中国药物依赖性杂志》2009年第3期。

[126] 叶雄:《她从生命的悬崖边走回来——"同伴教育"在"隐性滥药者"康复过程中的尝试》,《社会工作上半月(实务版)》2008年第5期。

[127] 张和清、杨锡聪、古学斌:《优势视角下的农村社会工作——以能力建设和资产建立为核心的农村社会工作实践模式》,《社会学研究》2008年第6期。

[128] 张艳涛、林倩倩:《论改革开放以来中国社会转型的阶段性特征》,《中共天津市委党校学报》2017年第1期。

[129] 张康之:《合作治理是社会治理变革的归宿》,《社会科学研究》2012年第3期。

[130] 张康之:《论主体多元化条件下的社会治理》,《中国人民大学学报》2014年第2期。

[131] 张广济、计亚萍:《社会空间的理论谱系与当代价值》,《东北师范大学学报(哲学社会科学版)》2013年第3期。

[132] 张一兵:《资本主义:全景敞视主义的治安—规训社会——福柯〈规训与惩罚〉解读》,《中国高校社会科学》2013年第7期。

[133] 张昱:《社会工作:由个体自身和谐通向社会和谐的桥梁》,《河北学刊》2007 年第 3 期。

[134] 张昱:《中国本土社会工作实务的实践逻辑及其反思》,《社会科学》2008 年第 5 期。

[135] 张昱、万艳:《政策发展与禁毒社会工作制度构建》,《江西社会科学》2019 年第 2 期。

[136] 张昱:《社会工作:促进个体和谐发展的社会技术》,《西北师范大学学报(社会科学版)》2008 年第 1 期。

[137] 张昱、胡鹏:《需求治理视角下吸毒人员社区康复研究》,《湖南科技大学学报(社会科学版)》2015 年第 4 期。

[138] 张昱、胡鹏:《中国禁毒工作发展面临的八大挑战》,《上海政法学院学报(法治论丛)》2010 年第 3 期。

[139] 张昱:《发展社会工作亟须顶层设计》,《中国社会工作》2012 年第 21 期。

[140] 张梧:《资本空间化与空间资本化》,《中国人民大学学报》2017 年第 1 期。

[141] 张之沧:《论福柯的"规训与惩罚"》,《江苏社会科学》2004 年第 4 期。

[142] 章高荣:《制度空间、组织竞争和精英决策:一个议程设置的动态分析视角》,《中国行政管理》2020 年第 9 期。

[143] 周黎安:《中国地方官员的晋升锦标赛模式研究》,《经济研究》2007 年第 7 期。

[144] 甄炳亮:《中国的社会工作制度建设》,《社会福利》2007 年第 5 期。

[145] 赵艳婷、陈家言、余金聪、鄢栋、曹洁频、王增珍:《戒毒心理治疗困境和策略探讨》,《中国药物滥用防治杂志》2016 年第 6 期。

[146] 赵环、徐选国:《"回归"抑或"超越":社会工作与公益慈善的历史——当代关系辨析》,《学海》2017 年第 2 期。

[147] 赵庆春:《"五疗并举"在强制隔离戒毒中的作用》,《中国药物滥用防治杂志》2018 年第 4 期。

[148] 曾庆学:《强制隔离戒毒的法律监督研究》,《吉首大学学报(社会科学版)》2014 年第 A1 期。

[149] 曾健生、刘发生:《司法警察类高职院校办学定位的思考》,《教育与职业》2012 年第 9 期。

[150] 郑烨:《论强制隔离戒毒与社区康复的"无缝衔接"——以上海市宝山区社区康复个案帮教工作为例》,《上海政法学院学报(法治论

丛）》2011 年第 1 期。

[151] 钟莹、刘传龙：《〈禁毒法〉背景下的社区戒毒工作与社会工作介入》，《江西师范大学学报（哲学社会科学版）》2011 年第 3 期。

[152] 周雪光：《西方社会学关于中国组织与制度变迁研究状况述评》，《社会学研究》1999 年第 4 期。

[153] 周明侠：《论社会交换理论中的辩证法》，《学术界》2007 年第 2 期。

[154] 卓大宏、贝维斯、李建军、黄晓琳：《中国社区康复的现状、面临的挑战和发展趋势》，《中国康复医学杂志》2015 年第 7 期。

[155] 赵万林：《从双重关系到友伦之"善"——社会工作双重关系话语的重构》，《宁夏社会科学》2021 年第 6 期。

[156] Soja, D. W.: "THE SOCIO-SPATIAL DIALECTIC", *Annals of the Association of American Geographers*, Feb. 1980.

[157] Challis, D.: "A System for Monitoring Social Work Activity with the Frail Elderly", *British Journal of Social Work*, May 1985.

[158] Moneika, D. S., Fite P. J., Omar G.: "Assessing the links between Internalizing Symptoms and Treatment Motivation in Incarcerated Juveniles", *Children and Youth Services Review*(prepublish), 2020.

[159] Fitzgerald, R.: "The Classification and recording of social problems", *Social Science and Medicine*, Dec. 1978.

[160] Lefebvre, H.: "The Production of Space", Translated by Nicholson-Smith D., Blackwell publishing, 1992.

[161] Hurwizc, L.: "Toward a Framework for Analyzing Institutions and Institutional Change", in Bowles et al, Oct. 1993.

[162] Kendall, K. A.: "Social work education: Its origins in Europe". Alexandria, VA: *Council on. Social Work Education*, Oct. 2000.

[163] Kendall, K. A.: "Council on Social Work Education: Its Antecedents and First Twenty Years. Alexandria", VA: *Council on Social work Education*, 2002.

[164] Nelson, R.: "The Co-evolution of Technology, Industrial Structure, and Supporting Institutions", *Industrial and Corporate Change*, Mar. 1994.

[165] Bourdieu, P.: "The Social Space and the Genesis of Groups", *Theory and Society*, Jun. 1985.

[166] Bourdieu, P.: "Social Space and Symbolic Power", *Sociological Theory*, Jul. 1989.

[167] Gordon, W. E.: "A natural classification system for social work literature and knowledge", *Social Work*, Feb. 1981.

三、其他

[1] 李春耕:《执政条件下党的社会工作制度创新研究》,华东师范大学博士论文,2012年。

[2] 王林川:《社区戒毒的现状与对策探讨:以重庆市Y县T街道为样本》,西南政法大学博士论文,2016年。

[3] 王民克:《让社区矫正实现无缝衔接》,《人民法院报》,2014年。

[4] 王东:《加强社区矫正工作配合 实现刑罚执行无缝衔接》,《人民法院报》,2017年。

[5] 杨伟敏:《制度本体论研究》,中共中央党校研究生院,2008年。

[6] 中国国家禁毒委员会:《2016年中国禁毒报告》,http://www.nncc626.com/2016－11/21/c_129372086.htm。

[7] World Drug Report, https://www.unodc.org/wdr2018/.

[8] 中国政府网:《关于加强社会工作专业人才队伍建设的意见》,https://www.gov.cn/gzdt/2011－11/08/content_1988417.htm。

后 记

本研究首先从理论上剖析了制度理论,为强制隔离戒毒到社区康复无缝衔接制度提供了理论支撑,丰富和完善了相关的理论研究。其次,在实务中,将已有的无缝衔接实践系统化,已有的无缝衔接实践在内容和形式上都处于初探的零散状态,进行系统化整合将有助于更好地展开无缝衔接实务,打破实践中的桎梏,实现真正意义上的无缝衔接。再次,将社会工作者纳入强制隔离戒毒到社区康复无缝衔接制度体系之中,聚焦社会工作的服务对象,将有助于在实践中形成社会工作的专业话语权和专业管辖权。最后,本研究是从强制隔离戒毒到社区康复无缝衔接制度,是对已有的零散的实践进行提炼提升。强制隔离戒毒制度与社区康复制度以及从强制隔离戒毒到社区康复无缝衔接制度,三者之间是相互生成的关系。从强制隔离制度下的戒毒人员到社区康复制度下的康复人员,不仅是身份的转变,而且是规训方式和生活空间的转变,由此造成戒毒效果断崖式下跌,鉴于以上问题笔者产生了无缝衔接的构思。这种制度缝隙的填补在根本上还是取决于强制隔离戒毒机构空间安排的梯次弱封闭化,使强制隔离戒毒制度与社区康复制度衔接起来,从而实现与已有无缝衔接实践的有机整合。

本研究的不足之处在于无缝衔接制度尚属于一种理论构想,虽然现实中已经有无缝衔接的实践,但并未真正形成无缝衔接制度,对于制度的研究需要进一步深化。在今后的深化研究中,进一步加强理论凝练,特别是就"无缝"问题进行更为深入的讨论。

本书得益于我的导师张昱教授的全程指导,感谢我的同门师友万艳博士、梁盼博士、康姣副教授、蔡玉梅博士、黄子源博士、刘道会博士、刘莉博士、王洁静、李耀男对全稿的文字修订以及内容完善。张昱教授对全书进行了总体的框架设计,并分章节进行指导;万艳博士对我的书稿全文进行了完善修订;其他同门及师友分章节为我的文稿进行了校对和完善,非常感谢诸位的帮助!

感谢中共上海市委党校对本书的资助,不仅提供了资金支持,同时邀请了多位专家对本书提出了合理可行的修改建议。

感谢现单位上海电力大学的领导与同事的大力支持,让我得以对书稿进行不断完善,感谢上海电力大学党委常委、宣传部部长、马克思主义学院院长张仙智教授,上海电力大学马克思主义学院党总支书记常华,马克思主义学院常务副院长焦凤梅副教授,马克思主义学院副院长彭丽副教授以及各位院校领导的鼓励和支持。

感谢原单位中共上海市徐汇区委党校的各位领导及同事的支持与帮助,在诸多合力之下,本书得以成稿。

感谢我的父母对我的养育和关怀,不辞辛劳地一路供我读书到博士毕业。谁言寸草心,报得三春晖,唯愿您二位平安喜乐。

图书在版编目(CIP)数据

强制隔离戒毒与社区康复无缝衔接制度研究 / 滕明君著. -- 上海：上海社会科学院出版社，2025.
ISBN 978-7-5520-4564-2

Ⅰ. D669.8

中国国家版本馆 CIP 数据核字第 2024NB4298 号

强制隔离戒毒与社区康复无缝衔接制度研究

著　　者：滕明君
责任编辑：孙宇昕　熊　艳
封面设计：杨晨安
出版发行：上海社会科学院出版社
　　　　　上海顺昌路 622 号　邮编 200025
　　　　　电话总机 021-63315947　销售热线 021-53063735
　　　　　https://cbs.sass.org.cn　E-mail:sassp@sassp.cn
排　　版：南京展望文化发展有限公司
印　　刷：上海光扬印务有限公司
开　　本：720 毫米×1000 毫米　1/16
印　　张：10.5
字　　数：186 千
版　　次：2025 年 2 月第 1 版　2025 年 2 月第 1 次印刷

ISBN 978-7-5520-4564-2/D·734　　　　　　定价：78.00 元

版权所有　翻印必究